上海社会科学院
经济研究所
青年学者丛书

从城市到城市群
集聚空间拓展及其经济效应研究

李培鑫／著

上海社会科学院出版社
SHANGHAI ACADEMY OF SOCIAL SCIENCES PRESS

丛书编委会

主编： 沈开艳

编委：（按姓氏笔画顺序）

王红霞　贺水金　唐忆文　韩　清

韩汉君　詹宇波

丛 书 总 序

上海社会科学院经济研究所作为一家专业社会科学研究机构,主要从事政治经济学、经济史、经济思想史等基础理论研究。近年来,顺应上海社会科学院国家高端智库建设的要求,经济研究所依托学科优势,实施学科发展与智库建设双轮驱动战略,在深入开展基础理论学术研究的同时,也为政府和企业提供决策咨询服务。经过多年的努力,经济研究所在宏观经济运行、产业与科技创新发展、区域经济发展、金融与资本市场发展、贸易中心与自贸区建设、能源与低碳经济等研究领域,积累了大量的高质量研究成果。

党的十八大以来,习近平总书记把马克思主义政治经济学的基本原理同中国特色社会主义的实践相结合,发展了马克思主义政治经济学,提出一系列新思想新论断,创新并丰富了中国特色社会主义政治经济学理论,为中国和世界带来了新的经济发展理念和理论。

新时代中国特色社会主义政治经济学的提出,一方面,对包括经济研究所科研人员在内的广大经济理论研究工作者提出了新的、更高的理论研究要求;另一方面,也为经济学理论研究拓展出更为广阔的研究领域。

根据我国经济理论和现实发展现状,学术界迫切需要研究下列理论问题:关于社会主义初级阶段基本经济制度的理论,关于创新、协调、绿色、开放、共享发展的理论,关于发展社会主义市场经济、使市场在资源配置中起决定性作用和更好发挥政府作用的理论,关于我国经济发展进入新常态、深化供给侧结构性改革、推动经济高质量发展的理论,关于推动新型工业化、信息化、城镇化、农业现代化同步发展和区域协调发展的理论,关于农民对承包的土地具有所有权、承包权、经营权属性的理论,关于用好国际国内两个市场、两种资源的理论,关于加快形成以国内大循环为主体、国内国际双循环相互促进的新发展格局的理论,关于促进社会公平正义、逐步实现全体人民共同富裕的理论,关于统筹发展和安全的理论等一系列基本理论,等等。这些理论涵盖了中国特色社会主义经济的生产、分配、交换、消费等主要环节,以及生产资料所有制、分配制度与分配方式、经济体制、宏观经济管理与调控、经济发展、对外开放等各个层次各个方面的主要内容。这些研究主题当然也成为经济研究所科研人员面临并需要重点推进的研究课题。

青年科研人员代表着一家社会科学研究机构的未来。经济研究所长期以来一直重视支持青年科研人员的研究工作,帮助青年科研人员提升其研究能力,组织出版《上海社会科学院经济研究所青年学者丛书》就是其中的重要举措之一。本丛书包括的著作基本上都是本所青年学者的处女作,是作者潜心研究、精心撰写,又根据各方面意见建议反复修改打磨的精品成果,也是作者进入经济学专业研究生涯的标志性科研成果。

本丛书的研究主题涉及理论经济学一级学科的重要议题,毫无疑问,这些研究成果对于经济研究所的学科建设工作将发挥重要作用。另一方面,本丛书中的很多研究成果与当前我国经济社会现实发展问题密切关联,这就为进一步开展决策咨询研究作了坚实的理论思考准备。因此,本丛书的出版也将促进经济研究所的智库研究工作。

2026年将迎来经济研究所建所70周年,本丛书将成为经济研究所青年科研人员向所庆70周年呈献的一份厚礼。

丛书编委会
2023年8月30日

序　言

　　从全球经济地理的角度看,经济活动愈发集中在城市群这一空间单元,在我国,城市群的崛起也成为当前区域经济发展最为突出的一个特征,以城市群为核心的空间发展格局正日益形成。在此背景下,我们不禁要思考,为什么城市群会成为区域发展的空间载体和战略单元？城市群在推动经济增长中具有什么优势？这种优势的来源和形成机制是什么？未来城市群应该如何更好地发展？本书总体遵循"经济现象—理论分析—模型解释—实证分析—对策探讨"的思路,在城市群成为要素集聚和区域发展战略主体的背景下,围绕城市群这样一种空间组织形式的经济运行规律和其所形成的经济效应展开研究。从城市群的演进规律和内在特征出发,重点论证了集聚经济从城市到城市群的空间扩展,系统分析了城市群发展所形成的更强的集聚空间外部效应及其作用机制与实现路径,并通过构建相关理论与实证模型,对此作了深入阐释与验证。在此基础上,进一步探讨了如何通过区域合作来更好地发挥城市群的集聚优势,以及不断打破地方市场分割、推动区域市场一体化发展与统一大市场建设的必要性。本书是对城市群相关研究的有益补充,深刻揭示了城市群所具有的集聚特性与发展优势,为城市群的崛起提供了系统学理支撑,同时也为我国城市群发展提供了更多的经验证据,无论是对于在理论上理解城市群的空间组织与运行机制,还是对于在实践上更好地发挥城市群对区域高质量发展的带动作用,都具有重要意义。

　　随着城镇化的不断推进,城市之间的联系愈发紧密,逐渐呈现出网络化发展特征,传统的行政区逐渐向经济意义上的功能区转变,由地域上相近的不同规模和功能的多个城市聚合而成的城市群逐渐成为我国区域发展的主体。而从另一方面来说,城市群也是我国城镇化道路选择的必然方向,将城市群作为主要载体以实现大中小城市和小城镇的协调发展也逐渐成为一种被普遍认可的城镇化道路。城市群正在成为承载发展要素的主要空间形式，以城市群为核心的区域空间发展格局正日益形成，我国的区域发展战略也逐步向城市群拓展和延伸。国家"十一五"规划纲要首次提出"把城市群作为推进城镇化的主体形态"，《全国主体功能区规划》则从国土空间开发的角度较为完整地提出了我国"两横三纵"的城市群发展格局。党的十八大以来，城市群的战略主体地位更加凸显。《国家新型城镇化规划》以及"十三五""十四五"规划都继续强调了以城市群为依托促进大中小城市和小城镇协调发展、优化城镇化空间格局，党的十九大和二十大报告也指出城市群在区域经济发展和城镇化推进中的重要作用。近年来，京津冀协同发展、粤港澳大湾区建设、长三角一体化发展、成渝地区双城经济圈建设上升为国家战略，更加彰显了城市群的主体作用。此外，国家还集中出台了多项有关城市群和经济区发展的专项规划。在此基础上，我国逐渐形成了涵盖东、中、西部和东北地区多个城市群的空间布局和发展体系。

作为城市化和工业化发展到高级阶段的一种空间组织形式，城市群的形成和演进伴随着区域空间从无序均衡到中心-外围再到多中心多外围复合网络式发展的过程，其中也相应地存在着城市间功能产业的垂直分工和水平分工的演进。通过在特定空间内由不同规模等级的城市在分工与协作基础上形成密切联系的一体化功能区域，城市群可以实现要素在超越单个城市的城市体系内的集聚、流动与整合，从而在整体上具有更大的集聚规模，同时也会避免经济活动在某一个城市的过度集中，这能够使城市群形成特定的发展优势。在城市群内，向心力和离心力共同作用下的集聚和扩散伴随着群内城市间产业和职能的重新组合，有利于形成更加合理的分工，优化经济活动的空间布局，提高资源的配置效率；而建立在分工基础上的合作与联系又能够通过"借用规模"和网络外部性等机制推动城市之间集聚经济效应的分享，在更大的范围内加强产业上下游间的联系、劳动力池的共享和知识技术的溢出，降低企业的生产和交易成本，推动人力资本的积累和技术创新，并且城市群的资源共享也有利于推动区域的协调发展；在获得更大的分工收益和规模效益的同时，城市群也能够缓解单一城市过度集聚所产生的拥堵等负的外部性。相比单一城市的发展，集聚经济在城市群内会得到进一步的深化和拓展，各个城市间的相互作用和联系会形成一种互为空间溢出的外部性，推动城市间集聚经济的共享，经济主体不仅能够获得本地区集聚的好处，还可以享受其他城市的市场和技术外部性，获得更大的规模效益和分工收益，使集聚从地方化经济、城市化经济走向城市群经济。

对此本书将构建一个理论模型框架来作进一步分析,在新经济地理学的框架体系下,结合内生增长理论和空间均衡理论的相关思想,同时考虑要素流动、产业上下游关联和技术溢出,在尽可能契合城市群发展内在特征的前提下,通过模型的均衡分析,从劳动力工资收入溢价的视角阐释城市群所形成的这种集聚空间外部效应及其可能的作用机制。基于模型框架可以看到,城市群中的城市总是处于与其他城市的密切联系之中,无论是下游需求,还是上游供给,抑或技术知识的交流,实际上都体现了各个城市之间相互作用、互为溢出的一种关系,使得均衡劳动力收入水平得到提高,由此,劳动力的工资不仅与本地规模相关,也会受到由群内其他城市的共同集聚带来的影响。模型中一些主要参数的变动引起的相应产品市场均衡和劳动力流动均衡曲线的移动,会改变均衡的工资水平,而根据参数所代表的内在涵义及其所带来的这种比较均衡分析,也可以对城市群所具有的集聚外部效应的作用机制与路径进行讨论,主要体现在产业功能的分工与关联、知识技术溢出与创新的合作、市场的一体化与资源优化配置、城市体系多中心发展对单一城市过度拥挤负外部性的缓解等方面。

基于理论分析,本书也相对应地对主要的论点进行了实证检验。基于集聚经济外部性带来的效率提升,同样特征的劳动力会具有更高的边际产出,从而获得更高的报酬,本书将城市群空间人口经济数据与中国家庭金融调查的劳动力微观数据相结合,通过估计工资收入的城市群整体集聚规模溢价来进行实证分析,并对可能的机制进行了识别,形成前后呼应。根据实证结果,除了受到所在城市自身规模的影响,城市群内其他城市形成的集聚规模也能够产生显著的收入溢价,规模扩大一倍,劳动力的收入会提高 6.7%—8.0%,将城市群的规模在中心与非中心城市、不同地理空间进行分解,这种影响都显著存在。通过工具变量估计和加入劳动力个体特质异质性的代理变量来控制由互为因果和劳动力群聚可能带来的偏误,主要结论也仍然十分稳健。此外分样本的估计结果显示,城市群的这种集聚外部效应相比本地规模经济也更加具有包容性,不同技能、不同地区和不同类型城市的样本都能够从中受益。在此基础上,本书针对性地构建了相关机制变量并将其纳入模型估计,发现主要的作用机制和路径也都得到了验证。

在对城市群的集聚空间外部效应进行理论和实证分析的基础上,本书重点以长三角为例,进一步探讨了如何通过区域合作更好地发挥城市群的集聚优势。在我国存在地方市场分割的背景下,城市群的发展可能会受到一定的扭曲,而长三角城市群作为我国发育最为成熟的城市群,取得了巨大的成功,其中长江三角洲城市经济协调会(以下简称"协调会")的成立具有至关重要的作用,推动了城市群区域之间的交流与联系,促进了要素的自由流动,从而更加有利于城市群集聚经济效应的实现。基于此,本书采用长三角主要县市的数据,运用双重差分法检验了加入协调会产生的区域合作与城市群集聚经济绩效的关系,发现这不仅可以带来地区劳动生产率的显著提高,而且提升效应随着时间的增加逐渐增强,而同时,协调会的成立对推动市场整合也具有显著的作用,所得结论在进行稳健性检验之后都仍然成立。鉴于此,在我国现行行政区划和行政管理体制下,城市群的发展要顺势而为,通过加强和完善区域间的合作机制来更好地推动城市群的一体化和高质量发展。

考虑到推动市场一体化是城市群发展的核心内在特征,也是其集聚经济效应充分发挥的基础条件,重点围绕我国存在的地方保护和市场分割问题,本书也尝试从企业生存发展的视角为推动区域市场一体化发展提供了更多的理论支撑和经验证据,采用生存分析模型重点检验了市场分割对企业进入退出的影响及其异质性效应。基于估计结果发现,市场分割在企业成立初期会形成一定的保护作用,减小初创企业面临的竞争压力,有利于降低其退出风险概率,但是从企业长期发展来看,市场分割的保护效应会不断减弱并最终成为负向作用,不利于企业提升自身发展能力,也限制了企业享受更大范围的集聚经济效应和进一步拓展发展空间,从而带来退出风险的增加。市场分割对企业生存影响效应的时间拐点大概出现在企业存续的第4—5年,所得主要结论在经过一系列稳健性检验之后仍显著成立。同时,本书也发现,市场分割会通过保护低生产率和低利润率企业免于退出市场而造成资源配置一定程度的扭曲。相对于市场分割,推动区域一体化会更有利于企业的长期生存和发展,应通过城市群的建设和发展,不断加强区域合作,打破地区行政壁垒,推动各类要素自由有序地流动,促进各地从分割走向整合,深化统一大市场建设,使得企业可以充分利用超大规模市场优势,享受更强的集聚经济效应。

本书的研究为我国城市群的发展提供了更多的理论解释、经验证据与政策支持,可能的创新点主要体现在以下几个方面:

第一,目前的研究多关注城市群的空间属性,针对城市群这样一种空间组织形式的经济运行规律和特定经济效应的分析虽然具有一定的讨论,但仍有待进一步丰富,特别是在相关的模型解释和系统的学理分析方面,还不是特别充分。本书从城市群的演进规律和内在特征出发,重点论述和阐释了集聚经济从城市到城市群的空间扩展,同时构建相应的理论模型框架对城市群的集聚空间外部性及其作用机制展开了更为系统的探讨,并对此进行实证检验,这是对现有城市群和集聚经济研究的有益补充,也在一定程度上回答了城市群所具有的发展优势,为城市群的崛起提供了一定的解释。

第二,在理论方面,本书系统论证了集聚空间从城市到城市群的扩展,分析了城市群集聚经济外部效应的内涵特征、作用机制和实现路径,还特别地尝试从城市群的内在特征出发对其进行经济建模,通过在新经济地理学的框架下构建一个同时考虑劳动力流动与产业上下游关联的理论模型,对城市群内由不同城市的聚集所形成的空间外部经济效应及其作用机理给出解释,这是本书在理论方面的主要贡献。通过估计城市群所形成的集聚工资溢价,本书对此进行了实证检验,目前对城市群经济绩效的相关研究较少从微观劳动力视角考察,而对工资溢价的分析则更多是从城市空间展开,因此这一定程度上也为城市群相关研究提供了新的视角,丰富了我国城市群发展的事实经验。

第三,推进区域一体化发展是城市群的核心特征,也是其集聚优势得以实现和发挥的重要基础和支撑,考虑到我国存在的地方保护、行政壁垒和市场分割的现象,本书进一步将其与城市群的发展相结合,以长江三角洲城市经济协调会为例,运用双重差分法分析了在此背景下如何通过加强区域合作来降低制度交易成本,从而更好地提升城市群的经济绩效。此外,围绕市场分割问题,本书还从企业生存和发展的视角对其影响进行了分析,从而论证了打破市场分割、建立统一大市场的必要性,这也为相关问题研究提供了新的视角和新的证据。

目　　录

丛书总序 …………………………………………………………… 1

序言 ………………………………………………………………… 1

导论 ………………………………………………………………… 1
 第一节　研究背景和意义 ………………………………………… 3
  一、研究背景 …………………………………………………… 3
  二、研究意义 …………………………………………………… 5
 第二节　主要概念定义、研究内容和创新 ……………………… 7
  一、主要概念定义 ……………………………………………… 7
  二、研究内容 …………………………………………………… 8
  三、可能的创新点 ……………………………………………… 10
 第三节　文献综述 ………………………………………………… 11
  一、城市群基本属性的相关研究 ……………………………… 11
  二、集聚经济效应的相关研究 ………………………………… 21
  三、城市群经济绩效的相关研究 ……………………………… 27
  四、研究评述 …………………………………………………… 29

第一章　我国城市群发展的特征事实 …………………………… 31
 第一节　我国城市群战略的演进历程 …………………………… 33
 第二节　我国城市群的集聚和发育特征 ………………………… 39
 第三节　我国城市群的综合发展格局 …………………………… 47
 本章小结 …………………………………………………………… 52

第二章 从城市到城市群：集聚经济的空间拓展 ········· 55
第一节 城市群的演进规律和内在特征 ········· 57
一、城市群演进的基本规律 ········· 57
二、城市群发展的内在特征 ········· 59
第二节 城市群集聚经济效应的理论分析 ········· 60
一、城市群集聚经济效应的形成和内涵 ········· 60
二、城市群集聚经济效应的机制和路径 ········· 62
第三节 城市群集聚经济效应的模型解释 ········· 66
一、模型的设定与推导 ········· 66
二、模型解释和机理分析 ········· 70
本章小结 ········· 73

第三章 城市群集聚空间外部性：来自劳动力工资溢价的证据 ········· 75
第一节 实证设计 ········· 77
一、实证模型设定 ········· 78
二、数据和样本 ········· 78
三、变量构造和说明 ········· 79
第二节 实证结果分析 ········· 83
一、基础估计结果 ········· 83
二、稳健性检验 ········· 87
三、分样本估计 ········· 92
第三节 相关机制检验 ········· 94
一、产业分工和关联 ········· 94
二、知识和技术溢出 ········· 97
三、市场一体效应 ········· 98
四、多中心发展与拥挤缓解 ········· 100
本章小结 ········· 102

第四章 区域合作与城市群集聚经济效益：以长三角城市群为例的分析 ········· 103
第一节 政策背景与理论分析 ········· 105
一、我国地方市场分割的背景和事实 ········· 105

二、地方市场分割与城市群的发展 …………………………… 107
　　三、长三角城市合作的相关实践 …………………………… 109
第二节　实证设计 …………………………………………………… 114
　　一、实证模型构造 …………………………………………… 114
　　二、数据来源和变量说明 …………………………………… 116
第三节　实证结果分析 ……………………………………………… 118
　　一、基础估计结果 …………………………………………… 118
　　二、异质性估计结果 ………………………………………… 121
　　三、稳健性检验 ……………………………………………… 124
　　四、进一步检验：长三角的市场整合 ……………………… 132
本章小结 ……………………………………………………………… 134

第五章　推动区域市场一体化：基于企业生存发展视角的分析 …… 135
第一节　理论分析 …………………………………………………… 137
第二节　实证设计 …………………………………………………… 139
　　一、实证模型构造 …………………………………………… 139
　　二、数据来源和变量说明 …………………………………… 140
第三节　实证结果分析 ……………………………………………… 142
　　一、基础估计结果 …………………………………………… 142
　　二、稳健性检验 ……………………………………………… 146
　　三、进一步检验：市场分割是否扭曲了资源配置？ ……… 150
　　四、其他异质性分析 ………………………………………… 152
本章小结 ……………………………………………………………… 153

结论 …………………………………………………………………… 155
第一节　研究总结 …………………………………………………… 157
第二节　政策建议 …………………………………………………… 160
第三节　未来研究展望 ……………………………………………… 164

参考文献 ……………………………………………………………… 165

导 论

第一节 研究背景和意义

一、研究背景

全球化和信息化时代,人们普遍认为"世界是平的",但从全球经济地理和区域经济发展的角度看,经济活动的空间集聚趋势却愈加明显。根据世界银行的报告,全球土地面积的1.5%聚集了世界近一半的生产活动,而其主要的表现就在于城市群的形成和崛起,特别是作为全球增长极的美国大西洋沿岸城市群、北美五大湖城市群、东京城市群、伦敦城市群、欧洲西北部城市群和中国长三角城市群,集中了全球主要的人口和经济活动,同时也具有最高的生产效率。可以说,在城市区域化和网络化发展的趋势下,参与全球竞争的已不再仅仅是全球城市,而是以其作为中心、与周边腹地共同形成的全球城市区域,一个国家的综合竞争力也在于其是否具有综合经济实力强大的城市群。在我国,城市群的日益崛起也成为当前区域经济发展最为突出的一个特征。改革开放以来,我国经历了一个快速城镇化的阶段,城镇化率从初期的17.91%提高到了2021年的64.72%,城市数量和城镇人口都有较大的增加,同时城市之间的交流和联系也更加密切,特别是受到技术革新、产业升级和交通改善等因素的影响,要素跨城市配置日益明显,一个城市的发展愈发受到其他地区的影响。而从另一方面来说,城市群也是我国城镇化选择的必然方向。在城镇化进程中,选择什么样的城镇化道路以及发展什么样的城市一直存在着争论(赵新平和周一星,2002;王小鲁,2010;陆铭等,2011)。由于就地城镇化更加符合改革开放初期的国情,在20世纪80年代主要实行的是"严格控制大城市规模,合理发展中小城市,积极发展小城镇"的战略,城镇化的推进以小城镇和中小城市为主,大城市所具有的集聚经济优势在一定程度上受到抑制。而自20世纪90年代末以来,大城市呈现出了较快的发展,但同时部分城市也出现了交通拥挤、生态破坏、土地紧缺等一系列问题。面对这种争论,将城市群作为主要载体以实现大中小城市和小城镇的协调发展逐渐成为一种被普遍认可的城镇化道路,我国的区域发展战略也逐步向城市群拓展和延伸。国家"十一五"规划纲要首次提出"把城市群作为推进城镇化的主体形态","十二五"规划纲要进一步提出"逐步形成辐射作用大的城市群,促进大中小城市和小城镇协调发展"。2010年出台的《全国主体功能区规划》则将城市群划定为优化开发和重点开发的区域,并从国土空间开发的角度较为完整地提出了我国"两横三纵"的城市群发展格局。党的十八大以来,城市群在推动新型城镇化和区域发展中的战略主体地位更加强化,《国家新型城镇化规划(2014—2020年)》指出要"发展集聚效率高、辐射作用大、城镇体系优、功能互补强的城市群,使之成为支撑全国经济增长、促进区域协调发展、参与国际竞争合作的重要平台","十三五""十四五"规划也都进一步强调以城市群发展来优化和完善城镇化空间布局,并对城市群进行了分类指导,此外,党的二十大报告也提到要"以城市群、都市圈为依托构建大中小城市协调发展格局",使城市群在推动中国式现代化进程中发挥重要作用。同时,国家还集中出台了多项有关城市群和经济区的专项规划,特别是近年来京津冀协同发展、粤港澳大湾区建设、长三角一体化发展、成渝地区双城经济圈建设上升为国家战略,更加凸显了城市群在区域发展中的主体地位。

可以说,我国传统的在东、中、西部不同地区和在省份层面为主的区域发展已逐步向以城市群为主转变(张学良,2013),传统的行政区经济也逐渐向经济意义上的功能区转变,以城市群为核心的空间发展格局正日益形成,由地域上相近的不同规模和功能的多个城市聚合而成的城市群逐渐成为我国推进新型城镇化和促进区域经济发展的主要空间组织形式,也是国家参与全球竞争和国际分工的主要载体,发挥着显著的区域增长极作用。2020年,我国主要城市群集聚了全国76.54%的人口,创造了84.49%的地区生产总值,成为人口、产业和经济活动的主要集中地,而其中长三角城市群、珠三角城市群和京津冀城市群更是以占全国不到5%的国土面积,聚集了全国30.04%的人口,创造了41.61%的产出。

在此背景下,我们不禁要思考,为什么城市群会成为区域发展的空间载体和战略单元? 相比于单一城市,城市群在推动经济增长中具有什么优势? 这种优势的来源和形成机制是什么? 未来城市群应该如何更好地发展? 出于对这些问题的思考,本书的研究主要从集聚外部性的视角出发,在对城市群的演进规律和空间产业特征进行分析的基础上,论证集聚空间和集聚经济从城市向城市群的扩展,分析城市群所能形成的更强的集聚空间外部效应及其可能的作用机制,并通过构建一个考虑劳动力流动与产业上下游关联的新经济地理学模型框架对此进行解释,从而揭示城市群具有的发展优势。本书将城市群空间数据与劳动力微观调查数据相结合,从城市群工资溢价的角度进行了实证检验,也为城市群的经济绩效提供了来自劳动力微观收入的证据。在此基础上,从制度交易成本降低的视角探讨了未来应该如何通过区域合作来更好地发挥城市群的集聚优势,并以长江三角洲城市经济协调会为例,分析了区域间自发合作与城市群集聚经济效益的关系。考虑到市场一体化在城市群发展中的重要作用,结合我国存在地方保护和市场分割的事实,本书还进一步分析检验了市场一体化对于企业生存和发展的影响,为推动区域一体化发展和统一大市场建设提供了理论支撑。最后,从主要研究结论出发,围绕推动城市群实现更高质量的发展、更好地发挥其辐射带动作用提出相关政策建议。

二、研究意义

本书的研究是对现有城市群和集聚经济相关研究的有益拓展与补充,为我国城市群发展提供了更加丰富的理论解释和经验事实,无论是对于在理论上理解城市群的空间组织与运行机制,还是对于在实践上更好地发挥城市群对区域高质量发展的带动作用,都具有一定的意义。

(一) 理论意义

作为一种空间组织形式,城市群的内涵、标准和结构等基本属性受到了学者的关注,但基于城市群内在的规律和特征,对城市群所具有的经济属性特别是对城市群这样一种空间组织形式的经济运行规律和经济效应的分析仍不充分,在相关的模型解释和系统的学理分析方面有待进一步丰富。事实上,城市群的研究涉及了区域经济学的基本研究对象问题,即资源在空间中的优化配置。传统经济增长理论强调物质资本、人力资本和知识积累对经济增长的作用,却将空间视为同质化的,然而经济活动在空间上并不是均匀分布的,集聚是塑造全球经济地理的一个重要因素。从目前的相关研究来看,无论是理论还是实证分析,对集聚经济的讨论仍多是在城市层面展开的,但是随着以城市群为主要表征的城市区域化和网络化发展趋势日益明显,集聚的空间不再限于单一城市,而会扩展到城市群。

作为城市化和工业化发展到高级阶段的一种空间组织形式,城市群的形成和演进体现了经济活动特定的空间分布规律,特别是区域发展空间由单一城市向城市体系的扩展,而在此过程中,资源和要素在城市之间的集聚与配置也会产生特定的经济效应。本书在城市群崛起的背景下,重点分析了集聚空间由城市到城市群的扩展,阐释了城市群发展所能够形成的集聚外部效应及由此带来的效率提升,对城市群发展的内在优势提供了一定的论证。同时在实证分析方面,本书将城市群数据与劳动力调查数据相结合,为城市群的集聚经济效益提供了来自微观劳动力收入的证据,也丰富了城市群经济绩效的相关事实。此外,本书还对如何进一步完善我国城市群的发展提供了学理和经验上的分析,以长三角城市群为例探讨了如何在地方市场分割的背景下通过地区间合作来降低制度交易成本,更好地发挥城市群的集聚经济效应,为相关的讨论提供了新的方法和新的视角。

(二) 现实意义

伴随着我国城镇化和工业化的快速推进,我国经济发展的空间结构正在发生深刻变化,中心城市和城市群正在成为承载发展要素的主要空间形式,对于推动形成优势互补、高质量发展的区域经济布局具有至关重要的作用[①]。可以说,城市群发展水平的高低将直接影响区域经济发展的态势与空间格局,决定我国未来整体发展的高度与深度。首先,城市群是推进我国新型城镇化的主要载体,有利于发挥大中小城市和小城镇各自的优势,同时城市群也是探索城市行政边界、经济边界和地理边界耦合的较为合理的空间单元,可以丰富我国新型城镇化推进的实践经验。其次,城市群也有利于实现区域的协调发展,通过密切的联系网络来充分地发挥中心城市的辐射和带动作用,缩小地区间和城乡之间的差异,推动公共服务的均等化。此外,城市群的建设也能够推动实现我国经济更高质量的发展,在经济发展新常态下,传统的以要素投入为主的粗放型经济增长模式要向依靠效率提升的集约型模式转变,而通过城市群的发展,可以优化经济活动的空间分布,提高资源的配置效率,同时也有利于促进技术的溢出和创新。在建设以国内大循环为主体、国内国际双循环相互促进的新发展格局背景下,更加需要思考发挥城市群的空间优势,通过城市群来加强区域合作,不断推动国内大循环主体作用的实现。因此,本书以城市群作为主要研究对象,从集聚经济的视角对城市群所具有的优势进行理论和实证上的分析,具有重要的现实意义,同时重点关注区域市场一体化发展,探讨如何通过区域合作来提高城市群经济绩效,为未来进一步促进城市群合理健康的发展提供了相关的政策建议。

---

① 习近平总书记 2019 年 8 月 26 日在中央财经委员会第五次会议上的讲话。

第二节 主要概念定义、研究内容和创新

一、主要概念定义

本书的研究主要对城市群所形成的集聚空间外部效应进行分析,从而揭示城市群具有的发展优势。这里首先对研究内容涉及的主要概念进行介绍说明。

城市群是城市化和工业化发展到高级阶段形成的一种空间组织形式,其形成和发育伴随着区域空间从无序均衡到中心-外围再到多中心多外围复合网络式发展的过程,其中也相应存在着城市间功能产业的垂直分工和水平分工的演进,因而城市群成为特定空间内由不同规模等级的城市在分工与协作基础上形成具有密切联系的一体化功能区域。

集聚经济是指要素和经济活动在空间上的邻近和集中分布所产生的正向外部性,主要反映在成本的降低和效率的提升方面,一般可以分为由产业上下游关联带来的金融外部性和知识技术溢出带来的技术外部性,中间投入品和公共设施的共享、劳动力与企业的匹配以及知识技术的溢出是集聚经济的主要作用机制。集聚经济本质上体现了一种空间外部效应,因此书中对于集聚经济和集聚空间外部性的提法是可以替换的,表示相同意思。当前相关分析中的集聚空间更多是在城市层面,从产业属性上看,集聚经济可以分为同一产业集聚的地方化经济和不同产业集聚的城市化经济。

本书的分析论证了集聚经济空间从城市到城市群的扩展,通过不同城市在空间上聚集和整合发展,城市群能够带来更强的集聚经济效应,经济主体不仅会受到本地规模的影响,也会享受到由群内其他城市的共同集聚所带来的好处,获得生产效率的提升和要素报酬的增加,这反映了多个有能级的城市在空间聚集中形成的互为溢出的正向外部性,对群内的每个城市是外部化的。通过要素在超越单个城市的城市体系内的集聚、流动与整合,城市群整体上会具有更大的集聚规模,但同时也会避免经济活动在某一个城市的过度集中,这种特征能够使城市群形成特定的发展优势。在城市群内,向心力和离心力共同作用下的集聚和扩散伴随着群内城市间产业和职能的重新组合,有利于形成更加合理的分工,优化经济活动的空间布局,提高资源的配置效率;而建立

在分工基础上的合作与联系又能够通过"借用规模"和网络外部性等机制推动城市之间集聚经济的分享,在更大的范围内加强产业上下游间的联系、劳动力池的共享和知识技术的溢出,降低企业的生产和交易成本,提高企业创新能力;在获得更大的分工收益和规模效益的同时,城市群也能够缓解单一城市过度集聚所产生的拥堵等负外部性。

二、研究内容

本书的研究总体上遵循"经济现象—理论分析—模型解释—实证分析—对策探讨"的思路,在城市群快速崛起以及我国区域发展战略日益向城市群倾斜的背景下,基于城市群的发育规律和内在特征,从集聚和网络外部性的相关理论出发,重点论证了集聚空间从城市向城市群的扩展,分析了城市群所形成的更强的集聚经济效应及其作用机制,并通过构建一个理论模型框架从劳动力工资溢价的视角对此进行解释,城市群具有的这种优势也解释了其发展的合理性和必然性。在对我国城市群的发展历程和现状格局进行总结的基础上,本书将城市群数据与劳动力调查数据相结合,通过估计城市群的集聚工资溢价,对理论分析的观点进行了实证检验,为城市群的经济绩效提供了来自微观劳动力收入的证据,证明经济主体不仅受到本地规模的影响,也会受益于城市群形成的整体集聚规模,同时对相关机制也进行了验证。此外,本书还探讨了如何通过区域合作来降低制度交易成本,从而更好地发挥城市群的集聚优势,以长江三角洲城市经济协调会为例,运用双重差分法检验了区域间合作对城市群集聚经济效益的促进作用。而考虑到市场一体化作为城市群发展的核心特征以及我国存在地方保护和市场分割的事实,本书进一步从企业生存发展的角度分析了打破市场分割与建设统一大市场的必要性。最后,基于所得结论,本书也探讨了促进城市群科学发展的政策建议。具体来说,本书的章节安排如下:

首先是导论,主要介绍了本书研究的背景、理论和现实意义,以及研究的框架内容,并对涉及研究主题的相关文献进行了综述,包括城市群概念内涵、界定识别和结构特征等基本属性,集聚经济的相关理论和实证研究,以及关于我国城市群经济绩效的分析和检验。文献的梳理为本书研究的科学性和合理性提供了一定基础和支撑,同时,通过梳理现有研究,也可指出本书可能的贡献和创新。

第一章主要对我国城市群的演进与现状特征进行分析,着重梳理了我国城市群战略的发展进程和城市群空间体系布局,识别了城市群的集聚和发育特征,同时采用多指标对城市群经济、社会和生态的综合竞争格局进行了分析,对我国城市群的发展提供了基本的事实描述。

第二章聚焦理论分析,在分析城市群的发育规律和内在特征的基础上,结合集聚经济的相关理论对集聚空间从城市向城市群的扩展进行了论证,剖析了城市群发展带来的更强集聚外部性及其可能的作用机制。城市群的发展具有其内在的空间和产业属性,能够实现要素在更大范围城市体系内的集聚、流动与整合,集聚经济在城市群内会得到进一步的深化和拓展,各个城市间的相互作用和联系会形成一种互为空间溢出的外部性,获得更大的规模效益和分工收益。通过构建一个考虑劳动力流动与产业上下游关联的新经济地理学模型框架,基于均衡分析对此作进一步解释,并从产业功能的跨城市分工关联、知识和技术的溢出、市场的一体化发展及由多中心带来的拥挤效应的缓解等方面对城市群集聚空间外部效应可能的作用机制进行探讨。

第三章为本书主要的实证分析部分,将城市群空间数据与劳动力调查数据相结合,从劳动工资报酬溢价的视角对城市群具有的集聚空间外部性进行了实证检验,也为我国城市群的经济绩效提供来自劳动力收入的微观证据。结果显示,除了所在城市自身的规模,城市群内其他城市形成的集聚规模也能够产生显著的收入溢价,将城市群集聚规模在中心与非中心城市、不同地理空间分解并进行相关稳健性检验,这种影响仍都显著存在,分样本的估计结果则显示不同技能、不同地区、不同类型城市的样本都能够从中受益,此外进一步的机制检验也为主要的观点提供了证据和支撑,与前文的理论分析形成呼应。

第四章在前文理论和实证分析的基础上,以长三角城市群为例,从制度交易成本降低的视角探讨了未来应该如何通过区域合作来更好地发挥城市群的集聚优势。在我国存在地方市场分割的背景下,城市群的发展可能会受到一定的扭曲,需要积极顺势而为,通过地区间的合作来推动一体化进程,实现要素自由流动和优化配置。长三角作为我国发育最为成熟的城市群,具有较好的探索与实践,特别是长江三角洲城市经济协调会的成立,使得各个城市具有了良好的合作机制,促进了城市之间的交流与联系。对此,本书运用双重差分法对加入协调会带来的区域合作与城市群集聚经济绩效的关系进行了分析。

在第五章中,考虑到市场一体化是城市群发展的核心特征,也是城市群集聚优势得以有效实现的重要基础,进一步围绕地方保护和市场分割问题,从企业生存和发展的视角来论证打破市场分割、建立统一大市场的必要性。虽然市场分割短期会对企业生存起到一定保护作用,但这种影响会逐渐减弱,最终对企业的长期生存和发展形成不利影响,而且还会通过保护低生产率和低盈利能力企业免于退出市场而造成资源配置的扭曲。这也进而表明,应该积极推动区域合作,打破行政壁垒,促进区域一体化发展和统一大市场建设,以充分发挥国内大循环的主体作用。

最后是结论部分,介绍了本书研究的主要观点和结论,并基于此讨论了促进城市群实现更高质量发展、充分发挥其中心辐射带动作用的政策建议,并提出了未来进一步的研究方向。

三、可能的创新点

本书的研究旨在为我国城市群的发展提供更多的理论解释、经验证据与政策支持,可能的创新点主要体现在以下几个方面:

第一,目前的研究多关注城市群的空间属性,针对城市群这样一种空间组织形式的经济运行规律和特定经济效应的分析虽然具有一定的讨论,但仍有待进一步丰富,特别是在相关的模型解释和系统的学理分析方面,还不是特别充分。本书从城市群的演进规律和内在特征出发,重点论述和阐释了集聚经济从城市到城市群的空间扩展,同时构建相应的理论模型框架对城市群的集聚空间外部性及其作用机制展开了更为系统的探讨,并对此进行实证检验,这是对现有城市群和集聚经济研究的有益补充,也在一定程度上回答了城市群所具有的发展优势,为城市群的崛起提供了一定的解释。

第二,在理论方面,本书系统论证了集聚空间从城市到城市群的扩展,分析了城市群集聚经济外部效应的内涵特征、作用机制和实现路径,还特别地尝试从城市群的内在特征出发对其进行经济建模,通过在新经济地理学的框架下构建一个同时考虑劳动力流动与产业上下游关联的理论模型,对城市群内由不同城市的聚集所形成的空间外部经济效应及其作用机理给出解释,这是本书在理论方面的主要贡献。通过估计城市群所形成的集聚工资溢价,本书对此进行了实证检验,目前对城市群经济绩效的相关研究较少从微观劳动力视角考察,而对劳动工资溢价的分析则更多是从城市空间展开,因此这一定程度上也为城市群相关研究提供了新的视角,丰富了我国城市群发展的事实经验。

第三,推进区域一体化发展是城市群的核心特征,也是其集聚优势得以实现和发挥的重要基础和支撑,考虑到我国存在的地方保护、行政壁垒和市场分割的现象,本书进一步将其与城市群的发展相结合,以长江三角洲城市经济协调会为例,运用双重差分法分析了在此背景下如何通过加强区域合作来降低制度交易成本,从而更好地提升城市群的经济绩效。此外,围绕市场分割问题,本书还从企业生存和发展的视角来对其影响进行了分析,从而论证了打破市场分割、建立统一大市场的必要性,这也为相关问题研究提供了新的视角和新的证据。

第三节 文献综述

本书的研究以城市群的发展演进及在此基础上形成的集聚经济效应为主,围绕这一主题,拟从三个方面来对相关文献进行梳理和总结,以期为研究内容提供一定的支撑。第一,城市群作为一种空间组织单元,首先具有相应的基本属性和空间特征,这是城市群研究的基础,因此本节从城市群的概念内涵、界定识别、形成机制和空间结构等角度对与城市群基本属性相关的研究进行了综述;第二,本书的研究重点在于由城市群自身属性所衍生出的城市群的集聚经济效应,这种效应本质上是集聚外部性从城市空间向城市群空间的一种扩展和延伸,因此本节整理了集聚经济的相关理论和实证文献,分析了集聚经济的产业和空间属性,同时对与本书主题相关的"借用规模"、网络外部性等机制进行了归纳;第三,城市群的集聚经济效应理论上可以带来效率的提升和成本的节约,更加有利于区域经济发展,因此本节也梳理了现有的城市群经济绩效的相关实证研究。

一、城市群基本属性的相关研究

(一) 城市群的概念和内涵

"城市群"的概念开始是从城市规划和地理学的角度提出的,最早可以从霍华德(Howard, 1898)描述的"城镇群体"和格迪斯(Geddes, 1915)提出的"集合城市"找到有关思想,以此表示城市的扩张使得城市之间产生了交叠的影响。在美国,自20世纪10年代就有了"大都市区"(metropolitan area)的概念,大都市区主要由中心城市及具有密切经济社会联系的外围郡县构成。现代意义上的城市群研究始于法国地理学家戈特曼(Gottmann,1957)的分析,其基于美国东北部大西洋沿岸地区城市连绵分布的现象提出了"大都市带"(megalopolis)的概念,认为大都市带是由多个具有各自特色和功能的都市区连接而成的城市化区域,在大都市带内,城市分布密集且主要城市沿交通轴线分布,城市之间具有密切的联系,共同组成了一个城市群体。自此,城市群作为一种新兴的空间组织单元吸引了众多学者的关注。道萨迪亚斯(Doxiadis,1970)基于大都市带的研究,预测了城市发展最终将形成连片巨型城市区域。加拿大学者麦吉(McGee,1991)重点分析了亚洲发展中国家和地区城市间的交通走廊地带,将其定义为"城乡融合区"(desakota),认为其具有与西方大都市带类似而发展背景又完全不同的空间结构。昆兹曼和魏格纳(Kunzmann and Wegener,1991)分析了全球城市体系的网络化趋势,并指出大城市带实际上是产业空间整合的产物,将占据全球经济的核心位置;斯科特(Scott,2001)也将全球化与城市区域的兴起进行结合,分析了全球城市区域的形成和演化规律。巴顿(Batten,1995)则指出由功能上互补的多个城市依托完善的交通和通信基础设施进行密切的合作和互动所形成的多中心城市网络将是21世纪区域发展的主要空间形态。霍尔和佩恩(Hall and Pain,2006)基于欧洲日益形成的巨型城市区域,对这种多中心网络型大都市进行了分析,指出其是在劳动空间分工的背景下,由多个地理上分离但在功能上紧密联系的城镇围绕一个或多个全球城市所形成的城市群体。另外有学者采用夜间灯光数据对全球的巨型城市区域进行了识别和界定,论证了其在全球范围的崛起(Florida et al.,2008)。

  国内对城市群的研究始于20世纪80年代,于洪俊和宁越敏(1983)最早介绍了"巨大城市带"的思想,并论述了其重要的地位。周一星(1991)提出了"都市连绵区"的概念,并把其定义为"以若干大城市为核心,大城市与周围地区保持强烈交互作用和密切社会经济联系,沿一条或多条交通走廊分布的巨型城乡一体化区域"。中国早期的城市群研究往往内在于城镇体系和城镇群体的研究之中,顾朝林(1992)对城镇体系作了定义,认为其是一个国家或一个地域范围内由一系列规模不等、职能各异的城镇所组成,并具有一定时空地域结构、相互联系的城镇网络的有机整体,旨在合理分布社会生产力,合理安排人口和城镇布局,充分开发利用国土资源,并在此基础上将其分为块状城市集聚区、条状城市密集区和以大城市为中心的城市群三种形态。崔功豪(1992)指出城镇群体空间是以城市为核心的区域发展过程中所出现的有主次和分工的城镇有机系统,并把城市群体结构分为城市-区域、城市群组和巨大都市带三种类型。张京祥(2000)指出,随着经济社会的发展,城镇日益出现群组化、网络化的演进特征,城镇群体是指一定空间范围内具有密切社会、经济、生态等联系,而呈现出群体亲和力及发展整体关联性的一组地域毗邻的城镇,其区别于一般区域内多城镇分布的表象是其内部空间要素较为紧密的联系。姚士谋等(1992)最先对城市群给出了系统的定义,认为其是指在特定的地域范围内具有相当数量不同性质、类型和等级规模的城市,依托一定的自然环境条件,以一个或两个超大或特大城市作为地区经济的核心,借助于现代化交通工具和综合运输网的通达性以及高度发达的信息网络,发生与发展着城市个体之间的内在联系,共同构成的一个相对完整的城市集合体。

此后有学者对城市群的定义进行了拓展,但核心内涵相差不大。倪鹏飞(2008)认为,城市群是由在一定距离内可以频繁往返、进行商务活动的若干不同等级、不同规模的城市所组成的、高密度的、关联紧密的城市群体,具有较高的人力资源和产业集聚度,城市之间联系密切,中心城市具有较强的辐射作用。方创琳(2011)提出,城市群是指在特定地域范围内,以一个特大城市为核心,至少三个以上都市圈或大城市为基本构成单元,依托发达的基础设施网络,形成的空间组织紧凑、经济联系紧密并最终实现同城化和高度一体化的城市群体。汪阳红和贾若祥(2014)认为城市群是由诸多城市在特定区域范围共同组成的具有紧密联系的城市集合体,具有高密度性、网络性、枢纽性、共生性等特征。此外,还有学者重点关注城市群的整合发展。刘静玉和王发曾(2005)认为,城市群各城市之间竞争内耗、产业结构趋同、行政壁垒、市场分割、功能定位不清、缺乏联系、基础设施布局不协调等问题都是不整合的表现,造成了资源的严重浪费和城市群整体实力的大打折扣。林先扬和周春山(2006)则对城市群经济整合的内涵进行了阐述,认为城市群的经济整合会使其达到集约生产和优势互补的状态。

(二) 城市群的界定和识别

基于对城市群内涵的研究可以发现,城市群的形成和发育需要满足一定的条件和标准,包括较高的集聚程度和经济发展水平、较为完善的城市体系、较为紧密的经济联系以及较为合理的空间结构等,从这些角度出发,一些学者提出了城市群识别和界定的标准。戈特曼(Gottmann,1957)提出了识别大都市带的五个标准,包括:(1)区域内城市较密集;(2)不少大城市形成都市区,核心与外围地区有密切的社会经济联系;(3) 核心城市有方便的交通相连,各都市区无间隔,且联系密切;(4) 必须达到相当大的总规模;(5) 具有国际交往枢纽的作用。姚士谋等(1992)在提出城市群定义的同时,也给出了城市群的识别标准:(1) 总人口1 500万以上;(2) 具有不少于两座特大超级城市;(3) 区域内城市人口比重大于35%;(4) 区域内城镇人口比重大于40%;(5) 区域内城镇人口占全省比重高于55%;(6) 具有完善的城市规模等级,形成五个等级;(7) 交通网络密度高,铁路网密度大于250—350千米/万平方千米,公路网密度大于2 000—2 500千米/万平方千米;(8) 社会消费品零售总额占全省比重高于45%;(9) 流动人口占全省比重高于65%;(10) 工业总产值占全省比重高于70%。

代合治(1998)认为城市群应具备三个条件,是一个连续的区域,有较高的城市化水平,达到一定的人口、面积和城市规模,我国城市群的下限标准应为面积在1万平方千米以上,人口在500万以上,其中城市人口在150万以上,规模在五座城市以上而且包含特大城市或大城市;根据城市群的规模,其进一步将城市群分为特大型、大型、中型和小型四类。方创琳(2009)对城市群空间范围的识别标准进行了梳理和总结,并提出了自己的识别标准:(1) 大城市多于三个,且至少一个城镇人口大于100万;(2) 人口规模不低于2 000万,其中城镇人口规模不低于1 000万;(3) 人均GDP超过3 000美元,一般处于工业化中后期;(4) 经济密度大于500万元/平方千米,外向度大于30%;(5) 基本形成高度发达的综合运输通道,铁路网密度大于250—350千米/万平方千米,公路网密度大于2 000—2 500千米/万平方千米;(6) 非农产业产值比率超过70%,非农产业劳动力比例超过60%;(7) 城市群城市化水平大于50%;(8) 核心城市GDP的中心度>45%;(9) 城市群周围地区到核心城市的通勤率大于本身人口的15%;(10) 形成以核心城市为中心的半小时经济圈、1小时经济圈和2小时经济圈。宁越敏(2011)首先对中国的大都市区进行了界定,在此基础上指出城市群要拥有较高的城市化水平,至少有两个人口百万以上大都市区作为发展极,或至少拥有一个人口在200万以上的大都市区,沿着一条或多条交通走廊,连同周边有着密切社会、经济联系的城市和区域,形成巨型城市化区域。汪阳红和贾若祥(2014)判断城市群的标准为:(1) 至少拥有一个人口在200万以上的大城市,或拥有两个人口大于100万的城市;(2) 总人口规模达到2 500万以上;(3) 人口密度在300人/平方千米以上;(4) 城镇化水平大于全国平均水平;(5) 具有发达的交通和通信网络,中心城市与外围地区的经济距离不超过3小时或300千米;(6)群内各城市之间具有较强的经济联系;(7)有共同的自然、历史和文化相似性和地域认同感。

除了通过设定一系列的标准来对城市群进行界定和识别,还有学者通过模型测算来识别城市群,而这种方法往往与GIS空间分析技术相结合。有文献分别运用引力模型和积权重Voronoi图对爱尔兰和美国的城市体系进行了识别和研究(Huff and Lutz,1995;Mu and Wang,2006)。对于中国的研究,顾朝林(1991)运用R_d链方法对我国的城市经济区进行了划分;张倩等(2011)依托GIS平台,使用基础地理数据和空间格网数据,通过测算空间通达性初步识别出空间上集结的城市集群,然后以城市集群的经济和社会属性为判据开展进一步的遴选,得到城市群空间分布及其区划界线。高晓路等(2015)认为判别城市群要看其是否具有发育良好的中心城市,是否具有完善的城市体系和较好的自然条件,是否具有较强的经济社会联系,是否具有较高的"点-轴系统"发育程度,并对此采用POI数据的Densi-Graph方法进行了分析。

此外,引力模型和场强模型作为测度城市联系和城市腹地的基础方法,也常被用来对城市群的范围进行识别。陈群元和宋玉祥(2010)以城市综合实力代替城市人口或经济总量来对传统的引力模型进行改进,并结合要素流分析法得出了理论上的长株潭城市群空间范围。王丽等(2013)认为要从基础条件、相互联系、首位城市和城市体系四个因素来界定城市群,在此基础上综合运用市场潜力模型、引力模型和场模型对中国的城市群进行了识别。潘竟虎和刘伟圣(2014)通过计算中国287个地级及以上城市的结节性指数,利用累积耗费距离法和k阶数据场,综合测度了交通可达性与空间场能,根据场强取大原则对城市腹地范围进行了界定。朱小川等(2015)认为传统引力模型忽视了产业分工关系对城市联系的影响,从而构建了行业间投入产出引力模型并基于此模型对城市群进行了界定。黄金川(2016)采用辐射场能模型计算了657个中心城市的辐射场强,并通过识别辐射场强变化的"拐点"区域来识别城市群的空间范围。与上述方法不同,孟可强和陆铭(2011)通过回归模型测算了城市在城市群内的地理区位与该城市人均GDP之间的三次曲线关系,并将第一个谷底点以内的区域作为城市群的辐射范围,发现长三角城市群的辐射范围和集聚特性相对于珠三角和环渤海城市群要更高。

(三)城市群的形成和发展机制

关于城市群形成和发展的理论最早可以追溯到古典区位论,其从产业和企业区位选择的角度阐述了经济空间形成的机制。杜能(Thünen)在1826年提出了著名的农业区位论,揭示了农业经济活动的分布规律,在其假想的"孤立国"上有一个城市作为农产品的消费中心,由于不同农产品的运输成本、产品价格和消费特性不同,在追求地租最大化的条件下,最终会形成围绕中心城市的不同农作物分布于不同圈层的同心圆结构,即"杜能环"。韦伯(Weber)则在1909年基于工业企业的选址问题提出了工业区位论,将费用最小化作为工业区位选择的目标,首先考虑运输成本这一区位因子,基于原料指数确定企业的选址,分析了企业布局的区位三角,并逐步加入劳动力成本和集聚这两个区位因子对模型进行修正和改进。克里斯塔勒(Christaller)提出的中心地理论较早地从区位选择的角度对城市体系的形成作了描述,其假设每个生产者都具有其市场区,市场区的上边界和下边界取决于运输成本和最低需求,因而高规模等级的城市同时提供高等级和低等级的商品和服务,而低规模等级的城市则只能提供低等级的商品和服务,根据所提供服务的不同档次,各个城市之间会形成一种有规则的六边形等级均匀分布关系。此外,廖什(Losch)在1940年提出了市场区位论,认为利润最大化应该是企业区位选择的主要目标,从而将生产区位和需求市场区域结合起来,最终也得到了正六边形的最优空间模式。

  20世纪50年代以来,传统的区位选择理论逐渐向现代空间发展理论发展。苏联的地域生产综合体理论主张在一定地域范围组织生产,讨论了以一定的专业化部门为核心、能够充分发挥专业化部门在整个地域生产联系的生产地域经济体系的形成机制,综合体作为国家发展的缩影具有主要的专业化产业部门和辅助性部门,会形成特定的空间结构。艾萨德(Isard, 1956)将由区域经济结构形成的空间系统作为空间经济学的研究对象,运用数理统计方法,从区域科学的视角分析了区位问题和空间相互作用关系。乌尔曼(Ullman, 1957)提出的空间相互作用理论强调了资源配置的区域性,城市不是孤立存在的,而是与周边地区存在着各种物质、人员、资金、信息的交流和联系,这种相互作用使得地域上相近的不同规模城市共同形成一个具有一定结构和功能的整体。弗里德曼(Friedmann, 1966)则对区域空间的演化过程进行了详细的分析,指出在工业化的不同发展阶段,区域空间会呈现出从简单无序发展到单一的中心-外围结构,再到多重复杂的中心-外围结构,最终实现紧密联系的空间一体化的演进趋势,在此过程中会出现由农村到城市再到城市群的演变。

此外，以佩鲁(Perroux,1950)的增长极理论、缪尔达尔(Myrdal,1957)的循环累积增长理论等为代表的区域经济非均衡增长理论也论证了在经济增长过程中不同城市间的相互关系，特别是中心城市对外围边缘城市的极化效应和扩散效应，这也在一定程度上解释了城市群形成的内在规律。由于资源的稀缺性，区域间完全的平衡发展是难以实现的，需要有主导产业部门和中心城市依托自身的优势率先发展，然后通过其辐射和带动作用来促进区域的整体发展，而这种增长的模式同时也会塑造特定的空间形态。陆大道(1985)在此基础上结合中国的发展现实提出了"点-轴"开发的空间结构理论，指出区域增长极会沿着主要交通轴线和水域轴线向外扩展，形成新的经济空间。

城市经济学的相关理论也讨论了城市空间向城市体系的演化，经典的Alonso-Mills-Muth的单城市内部结构均衡模型对城市的发展进行了较好的分析，围绕城市中心的CBD，通过对交通成本和住房成本的权衡与比较，最终会形成特定的城市空间结构。在单中心城市模型的基础上，亨德森(Henderson,1974)对城市体系的形成进行了论述，认为城市发展同时具有集聚经济和集聚不经济，集聚经济来源于本地化的马歇尔外部规模经济，如对基础设施和劳动力的共享，以及企业间的技术溢出等，集聚不经济则来源于规模过大所产生的拥挤效应，如地租上升、交通拥堵等，随着城市的扩张，居民的效用会呈现先增加后下降的倒U形趋势，因此存在最优的城市发展规模。同时，亨德森假设城市都只进行专业化的生产，而不同的产业部门往往具有差异化的规模经济程度，因而从事不同部门生产的城市会具有不同的最优规模，由此形成了一种规模等级结构。考虑到城市只进行专业化生产的假设过于严格，有研究引入了范围经济的思想，指出不同的产业部门会同时存在于城市中，以享受产业多样化发展带来的好处，因而城市体系中不仅存在专业化生产的城市，也存在进行多样化生产的综合城市(Abdel-Rahman,1990;Abdel-Rahman and Fujita,1993)。当制成品的交易成本比较低时，城市会更加专业化，而当中间服务的交易成本更低时，多样化的城市会更为有效(Anas and Xiong,2003)。

虽然涉及了对区域空间结构的演变规律以及城市群的形成机制的论述，但上述理论都较少从经济学的一般均衡理论出发进行分析，同时假定城市中心本来就存在，而对于其来源没有充分地讨论，对此新经济地理学理论则作出了较大的突破。实际上，传统的经济学在建立模型时较少考虑空间因素，一方面是因为模型主观上往往不重视空间的作用，假设空间是同质的且不存在运输成本,另一方面区域和城市的发展基本都是建立在规模报酬递增的基础上,而这也会给建模带来一定的难度。直到D-S模型(Dixit and Stiglitz,1977)的兴起,在垄断竞争的框架下使得模型中规模报酬递增的分析成为可能,而在D-S模型的基础上,以克鲁格曼(Krugman,1991)、藤田昌久等(Fujita et al.,1999)为代表的新经济地理学将空间因素纳入模型之中,分析了城市及对应的"中心-外围"格局和城市体系的形成机制。新经济地理学模型的另外一个重要假设是"冰山"运输成本的存在,模型考虑了农产品和工业制成品在不同地区之间流动所可能产生的运输成本并论证了其在集聚形成过程中的重要作用。在垄断竞争、报酬递增和存在运输成本的假设下,相关学者对"中心-外围"空间以及城市体系的形成进行了较为系统的阐述(Krugman,1991;Fujita and Mori,1997;Fujita et al.,1999;Fujita and Mori,2005;Tabuchi and Thisse,2011),认为靠近中间品提供商和消费者提高了生产厂商的需求,降低了厂商的交易成本,具有更大的市场潜力,而厂商的增加反过来也会使其以更低的价格提供更加多样化的产品,吸引更多消费者的同时也使劳动力在此进一步集聚,最终导致制造业中心和农业外围的出现;但是过度的集聚也会产生更加激烈的竞争以及更高的拥挤成本,同时,由于存在土地等一些不可流动的生产要素,经济活动也会呈现出离散的趋势,随着到集聚中心距离的逐渐增加,那些远离中心的厂商可能由于竞争程度的下降以及周边地区的市场潜力增加而拥有更大的发展空间,从而重新选址并在空间上形成新的中心,演化成为多中心的城市体系;在此过程中,运输成本起着十分重要的作用,是塑造区域集聚和分散格局的关键性变量。而当城市间的运输成本足够低时,类似于美国大西洋沿岸大都市带的城市体系就会出现(Mori,1997)。

上述理论提供了城市群形成和演化的基本原理和机制,基于此,国内学者也对城市群形成的影响因素进行了总结。刘静玉和王发曾(2004)认为产业、企业和政府都在城市群形成过程中起着重要的作用;乔彬和李国平(2006)在新经济地理框架下分析了城市群形成的内在产业机理,认为产业的集聚和关联以及产生的技术扩散和转移效应是城市群空间结构演变的内在动力;张亚斌等(2006)也对从城市到城市群的区域"圈层"经济形态演变进行了研究。此外,庞晶和叶裕民(2008)认为对于城市群的形成,微观上的企业集聚分散、中观上的产业分工合作和宏观上的城市化工业化过程共同发挥着作用。刘迎霞(2010)认为空间效应是解释城市群形成与发展的关键机制,城市群存在局部和全局的空间溢出。罗守贵和金芙蓉(2012)分析了城市群内部城市间的共生机制;邓元慧等(2015)则从演化经济地理学的角度分析了城市群的形成机制,指出创新能力增强、产业结构升级、企业组织变迁、基础设施建设以及政府的合理规划对于城市群的发展至关重要。彭坤焘和赵民(2015)构建了"空间-经济一体化分析框架",认为大都市区发展中存在着产业多元化与规模报酬递减、拥挤效应与空间多中心趋向、空间交易成本和分工深化限度等方面的均衡,其内在机理体现为规模报酬递增与空间交易成本的权衡。马燕坤(2016)则分析了城市群功能空间分工形成的演进过程,认为城市群功能空间分工起因于分工带来的好处与分工带来的交易费用之间的折中,分工的水平取决于交易效率的高低,现实经济中主要存在要素成本、技术进步、行政分割、城市发展四种因素影响城市群功能空间分工的形成与变动。

(四) 城市群的空间结构特征

在城市群内,不同城市之间的互动和联系共同塑造了城市群的地理空间和经济空间,形成了一定的空间结构特征。有学者对城市群的空间分形特征进行了分析。朱英明(2001)从分形、交通和网络等多方面分析了我国城市群的地域结构特征;宋吉涛等(2006)引入中心性指数和分形网络维数等方法以及 GIS 格网化技术,对中国 28 个城市群空间结构的稳定性进行了定量测度,发现中心性指数越大、网络维数越大、点列数越长的城市群,其空间结构稳定性越强。曾鹏等(2011)综合运用地理软件和空间分形理论,基于空间结构分维数对我国十大城市群的空间特征进行了分析,发现中国的城市群整体呈现倒 T 形结构,而且城市主要分布于交通轴线上。郑文升等(2022)基于夜间灯光数据,重点对长江中游城市群空间结构的多分形特征进行了测度和分析。城市规模等级结构也是城市群结构特征的重要方面,较多研究利用首位度、位序-规模系数来度量城市群规模分布(张虹鸥等,2006;曾鹏和陈芬,2013),张鑫等(2016)则运用 Theil 指数和 Mono 指数对十大城市群的差异性及空间结构特征进行描述和实证研究。另外还有学者基于格林(Green,2007)提出的测量多中心性的公式来对城市群进行分析,罗震东等(2011)、蔡莉丽等(2013)基于客运交通流的数据分别对长三角和珠三角城市群的功能多中心特征进行了测度和分析,刘行健等(Liu et al.,2015)运用城市间的交通流数据对中国 22 个城市群的功能多中心性和形态多中心性进行了测算,同时根据计算得到的形态多中心性和功能多中心性指标划分了四个象限,分别对处于四个象限的城市群进行了分析。巫细波和赖长强(2019)则基于 POI 大数据对城市群功能空间结构特征进行了研究。

产业和功能的分工也是城市群空间结构特征研究的重要组成部分。区位熵是研究产业分工较为常用的方法,李学鑫和苗长虹(2006)在传统方法的基础上引入了区位熵灰色关联分析法,以中原城市群为例进行了实证研究。而考虑到目前产业分工已开始出现从传统的部门间分工到部门内分工再到产业链分工转变的趋势(Duranton and Puga,2005;魏后凯,2007),学者开始更多地关注城市群的功能分工。赵勇和白永秀(2012)基于杜兰顿和普加(Duranton and Puga,2005)的思路,构建了空间功能分工指数对中国城市群的功能分工水平进行了测度与比较。马燕坤(2016)进一步优化了空间功能分工的测度指数,并对长三角、珠三角和京津冀三大城市群进行了分析。上述有关城市群空间分形特征、规模等级结构、城市联系强度、城市网络结构和产业功能分工方面的研究是城市群空间结构特征研究的主要内容,除此之外,还有学者从其他角度进行了分析。方创琳等(2008)提出了城市群紧凑度的概念,认为城市群紧凑度是指在城市群形成与发育过程中所体现出的城市、产业、资源、资金、交通、技术、人才等物质实体按照一定的经济技术联系在空间上的集中程度,包含产业紧凑度、空间紧凑度和交通紧凑度;通过构建城市群紧凑度的综合测度模型,发现中国城市群紧凑度总体不高,且空间差异性大。陈明华等(2016)采用Dagum基尼系数、核密度非参数估计方法实证考察了中国五大国家级城市群金融发展的空间差异及分布动态。

在对城市群各个城市之间的关联网络结构进行度量方面,引力模型的应用较为普遍(薛东前等,2000;邓春玉,2009),一些学者则对传统的引力模型进行了改进,考虑了城市之间的产业联系。宋吉涛等(2009)引入感应系数和影响系数构建了度量两两城市之间产业联系强度的指数,朱小川等(2015)则构建了行业间的投入产出引力模型。张荣天(2017)运用改进的引力模型测度了长三角各城市间的联系强度,然后基于社会网络分析法,从网络密度、网络中心度及凝聚子群三个方面对长三角城市群网络空间结构演变特征进行分析。还有学者运用了城市流强度模型。白永亮等(2016)以长江中游城市群为研究区域,运用城市流模型,从劳动力要素流动的视角,以行业从业人员变化为量化指标,分析了空间、产业和劳动力集聚分散的相互作用机制。李培鑫和张学良(2019)则引入较为前沿的辐射模型对长三角城市群的联系网络结构进行了识别。

直接运用相关流量数据日益成为研究城市群空间联系网络的重要方式,特别是企业数据的应用。泰勒和佩恩(Taylor and Pain,2007)通过企业关联网络和通勤数据研究了欧洲 8 个多中心城市区域,唐子来和李涛(2014)采用企业关联网络的分析方法揭示了长三角城市群和长江中游城市群的主要异同,朱惠斌和李贵才(2015)通过对金融产业中的商业银行、证券公司、基金公司和期货公司等部门进行定量测度分析了珠三角城市群的功能网络和空间格局,程遥等(2016)运用城市网络研究方法对长三角各县市单元以企业分支机构空间数据为支撑的网络联系进行了定量分析,赵渺希等(2016)考察了中国 12 个城市群总部-分支机构的企业关联网络,此外也有文献采用中国工商注册企业数据的分支机构跨地区分布和异地投资分析了城市网络的时空演化特征(Lu and Sun,2021)。除了企业数据,基于专利和论文合作的分析也常用来研究城市间的创新网络(Ma et al.,2021;马海涛,2020),钱肖颖和孙斌栋(2021)则基于创业和风险投资测度了城市网络结构。另外王方方和李香桃(2020)利用高铁网络数据对粤港澳大湾区城市群空间结构演化机制及协同发展进行了分析。随着网络大数据的不断引入,从人流、信息流等方面来分析城市群网络结构的文献也逐渐增加,如通过百度和腾讯等信息和人口流量数据对网络关联进行分析(刘望保和石恩名,2016;赵映慧等,2017;潘竟虎和赖建波,2019),以及通过新闻中地名的共现频率来研究城市群网络的结构特征(Meijers and Peris,2019)。王少剑等(2019)则综合采用了人流、物流、资金流和信息流等数据,研究了基于流空间视角的城市群空间结构。

二、集聚经济效应的相关研究

(一) 集聚经济的理论机制和经验证据

传统的经济学理论将地理视为同质的,忽视了空间要素在经济增长中的作用,但在现实中,经济活动在空间上并不是均匀分布,而呈现出高度不平衡的态势,对此可以将其归因为生产要素在空间上的集中所产生的外部规模经济即集聚经济效应。也正是由于集聚经济的存在,城市才得以出现和发展。马歇尔(Marshall,1890)较早地对集聚经济理论进行了分析,指出劳动力市场共享、中间投入品共享和知识溢出是集聚外部性的主要来源。而以克鲁格曼(Krugman,1991)、藤田昌久等(Fujita et al.,1999)为代表的新经济地理学则将集聚力归纳为本地市场效应和价格指数效应,由于运输成本的存在,企业在中心地区的集聚使之可以享受到更大的需求市场,同时消费者也能够以更低的价格享受到更多的产品。杜兰顿和普加(Duranton and Puga,2004)将集聚经济效应的实现总结为共享、匹配和学习三个微观机制,其中共享既包括对中间投入品的共享,也包括对一些不可分割的设施的共享,因而经济活动在城市的集中分布能够有效地节约成本;匹配机制则主要反映了集聚所带来的企业与劳动力匹配效率的提高,企业能够通过更大的劳动力池雇用到适合岗位的劳动力,劳动力也能够寻找到适合自身能力的企业,同时这也能够降低经济冲击带来的风险;此外,企业和人口在城市的集聚也会有利于促进人们之间的交流和学习,从而推动知识和信息的溢出,提高人力资本水平和技术创新能力。罗森塔尔和斯特兰奇(Rosenthal and Strange,2004)对城市规模报酬递增的来源进一步细化,分析了中间品共享、知识溢出、劳动力池、本地市场、消费外部性、寻租效应等方面的作用。莫雷蒂(Moretti,2011)也着重论述了劳动力池和不可贸易品的共享对集聚经济的作用。贝伦斯和罗伯特-尼科德(Behrens and Robert-Nicoud,2015)则将集聚经济效应定义为所有与产业内部和之间的互动造成的互补性和不可分性相关的机制。对于集聚经济的作用机制,总体上可以将其归纳为基于企业上下游之间联系与交易成本降低的金融外部性以及知识外溢所带来的技术外部性(钱学锋和梁琦,2007)。

可以看出,现有对集聚经济的机制分析多是以城市作为主要单元,从城市空间尺度来展开,同时这也体现在了实证研究方面。除了采用相关的指标如EG 指数(Ellison and Glaeser,1997)和 DO 指数(Duranton and Overman, 2005)直接度量产业在空间上集聚的程度,更多的学者通过比较不同规模城市的经济绩效来对集聚经济效应的存在提供经验证据,发现城市的规模越大、密度越高,生产率也就越高,梅洛等(Melo et al.,2009)和普加(Puga,2010)对此提供了相关的对比和综述。基于美国的样本,斯维考斯卡斯(Sveikauskas, 1975)发现城市规模扩大一倍,生产率会提高大约 6%;西科尼和霍尔(Ciccone and Hall,1996)采用工具变量进行估计的结果发现城市生产率提升相对于城市密度增加的弹性系数为 5%—6%。国内学者范剑勇(2006)基于中国城市的数据发现非农劳动生产率对非农就业密度的弹性系数在 8.8%左右,陈良文等(2008)以北京为样本的研究发现劳动生产率对单位面积上产出和就业的弹性分别为 11.8%和 16.2%,此外刘修岩(2009)等也都提供了集聚促进城市生产率提升的证据。

上述研究多是采用城市加总的数据进行分析,而随着微观劳动力调查数据可获得性的增强,越来越多的学者也通过估计城市规模所带来的工资溢价来论证集聚经济效应的存在。由于集聚经济能够提高生产效率,劳动力的边际产出也会相应增加,因而规模越大,劳动力的工资收入也会越高(Glaeser and Maré,2001;Combes et al.,2008;D'Costa and Overman,2014)。高虹(2014)利用2002和2007年中国家庭收入调查的城镇人口数据发现,劳动力小时收入会随着城市规模的增大而显著提升;王建国和李实(2015)也发现农民工工资水平在大城市的溢价主要源自城市规模扩张所带来的集聚经济效应,弹性系数在4.0%—4.2%之间。城市的工资溢价,可以进一步分为水平溢价和增长溢价,前者是劳动力可以即时享受到的,主要归因于大城市可以降低企业的交易和运输成本,投入不变的情况下厂商会具有更高的产出,劳动力相应也能获得更高的收入;后者主要是由于大城市的知识和信息外溢会促进劳动力人力资本的提高,同时会提高劳动力和工作的匹配效率,而这需要经过时间的积累(Yankow,2006)。通过相关分析,一些研究发现城市集聚经济主要来源于学习效应(Glaeser and Maré,2001;De la Roca and Puga,2017),由此带来的工资增长溢价不会随着劳动者离开城市而马上消失;鲍姆-斯诺和帕万(Baum-Snow and Pavan,2012)则通过反事实模拟的结果表明美国大城市与小城市之间存在由人力资本积累带来的工资增长溢价,而中等城市和小城市之间主要存在工资水平溢价;另外工资收入在大城市的快速增长也可能是对工作流动性的一种回报(Wheeler,2006;Yankow,2006);踪家峰和周亮(2015)也检验了工资的增长溢价,证明其会随着劳动力到城市年份的增加而提高。

值得注意的是,伴随着劳动力以及企业的异质性研究的兴起,相关学者也指出不同规模城市之间生产率和工资的差异不仅来源于集聚经济效应,也有可能来源于企业和劳动力特征分布的不同,一般会存在高生产率企业在大城市生存的选择效应(select)和高技能劳动力流向大城市的群聚效应(sorting),如果不考虑这种分布差异则会造成集聚效应的高估(Combes et al.,2011;Behrens and Robert-Nicoud,2015)。库姆斯等(Combes et al.,2012)通过采用非参数估计,得到企业生产率在不同城市分布的左截断和右平移效应,以此来识别集聚经济与选择效应,结论表明即使考虑企业生产率的选择效应,大城市也仍存在着由集聚经济带来的生产率显著提升。采用类似的方法,余壮雄和杨扬(2014)、陈强远等(2016)、赵曜和柯善咨(2017)基于中国的数据也都识别了集聚经济的净效应,而刘海洋等(2015)却发现中国集群地区的生产率优势源于选择效应而不是集聚效应。采用这种非参数估计方法,库姆斯等(Combes et al.,2012)也对劳动力技能在城市间的分布差异进行了分析,而为了更好地剔除这种差异的影响,除了控制可观测的劳动力特征,学者还引入了个体固定效应项或采用代理变量来控制不可观测的特征,在此情况下,多数研究的结果都显示不同规模城市间仍存在着显著的工资溢价,从而也验证了集聚经济效应的存在(Glaeser and Maré, 2001; Combes et al., 2008; Fu and Ross, 2013; Combes and Gobillon, 2015;孟美侠等,2019)。

上述的讨论多是对生产率或劳动力收入的规模弹性系数进行估计,然而,单一的弹性系数并不能完全准确地解释城市工资溢价和集聚经济效应,其忽视了城市规模对劳动力工资的非线性影响。事实上,城市规模的扩大可能也会造成拥挤等负的外部性,一些文献在探讨城市规模与劳动力生产率或经济增长的关系时,指出其会存在倒U形的趋势,初期城市规模的影响为正,但当城市过大时,就会产生更大的拥挤效应,造成负向的影响(Black and Henderson, 1999; Bertinellin and Black, 2004;梁婧等,2015),这种倒U形的关系也引发了对最优城市规模的争论(Au and Henderson, 2006;王小鲁,2010)。还有学者指出,当城市规模过小时,正向的集聚经济效应难以实现,也会带来负向的影响。刘修岩和殷醒民(2008)发现就业密度只有超过一定的门槛值才会对工资产生正向的影响,认为在就业密度较低的地区,技术外部性并不显著,而此时经济发展水平较低使得就业岗位较为紧张,劳动力供给增加会造成挤出效应;孙浦阳等(2013)的研究也发现产业集聚带来的拥挤效应和集聚效应在不同时期可能处于不同均衡状态,集聚初期拥挤效应占主导地位,之后集聚经济效应逐步占据主导地位,从长期整体来看,集聚对劳动生产率有促进作用。此外,一些学者的研究还指出城市集聚经济效应会受到对外开放、产业结构等因素的影响(孙浦阳等,2011;柯善咨和赵曜,2014)。

(二)集聚经济的产业属性和空间属性

城市集聚经济效应的实现不仅依赖于要素和产业集聚的规模,还与经济活动的结构相关,正如罗森塔尔和斯特兰奇(Rosenthal and Strange, 2004)提到的,集聚经济具有产业范围和属性,既存在由产业的专业化发展产生的外部性,也存在由产业的多样化发展产生的外部性。前者强调经济主体能够享受到同一产业部门集聚所带来的好处,比如共享劳动力池和更多的中间投入品,而且相似的生产技术也会有利于促进技术和信息的溢出,从而带来企业生产效率的提高,这种外部性有利于专业化城市的形成,称为马歇尔型外部性或地方化经济(Marshall, 1890);后者则认为产业的多样化发展更有利于技术的交流和传播,也能通过产业联系的加强来实现交易成本的降低,因而企业会从不同产业的共同集聚中获得效率提升,这称为雅各布斯型外部性或城市化经济(Jacobs,1969),有利于多样化城市的发展。这两种外部性的作用和效果也受到了学者的关注。格莱泽等(Glaeser et al.,1992)的研究指出知识的溢出更多发生在产业之间,是城市发展的多样化而非专业化更加有利于就业的增长。亨德森(Henderson,2003)则发现马歇尔专业化对企业的影响更大,国内研究如范剑勇等(2014)也得到了类似的结论。另外也有文献指出专业化经济和多样化经济对不同的产业会有不同的作用(Henderson et al.,1995;Combes,2000;范剑勇和石灵云,2009),博十和和洪俊杰(2008)则发现马歇尔外部性和雅各布斯外部性对不同规模城市的影响也存在差异,而进一步分析多样化经济可知,相关产业多样化比无关多样化更加有效(Frenken et al.,2007;王俊松,2016)。

集聚经济不仅具有产业属性,也具有空间属性,其作用效果存在于一定的空间范围(Rosenthal and Strange,2004),这往往并不局限于单一城市内部。阿隆索(Alonso,1973)最早提出了"借用规模"(borrowed size)的概念,用以解释所观察到的那些位于大都市带中的小城市通过利用周边城市的规模经济,而获得的比独立存在的同等规模城市更多的功能和更高的绩效。在此基础上,学者对"借用规模"的思想进行了更加深入的扩展和解释,并利用欧洲城市的样本给出了实证上的检验(Burger et al.,2015;Burger and Meijers,2016;Meijers and Burger,2017)。同时,一些研究在对集聚经济的作用进行总结时,也强调了应该跳出城市来分析集聚的外部性,指出其空间范围不是只限于单一城市内部,而是区域化的(Phelps et al.,2001;Parr,2002),周边地区的产业集聚也会影响本地的发展,因而在区域尺度上会形成城市群的规模经济、范围经济、交易经济和学习经济(李学鑫和苗长虹,2010)。另外,宣烨(2012)、张浩然(2014)、余泳泽等(2016)则重点分析了一个城市的生产性服务业如金融产业的集聚,对周边地区经济绩效特别是制造业生产效率的提升作用。

对于集聚经济的空间属性,伯格等(Burger et al.,2008)分析了在研究集聚经济效应时的可变空间分析单元问题,认为在不同的空间尺度上进行检验是有必要的,对此也有一些文献通过直接对集聚经济的空间范围进行定量识别提供了证据,发现其影响虽然会随距离衰减,但仍会超过所在的行政区而作用于其他地区,范围甚至可以达到几百千米(Partridge et al.,2007;Renski,

2011;符淼,2009;张浩然,2012;谢露露,2015)。此外,也有研究验证了城市集群对城市发展的促进作用,区域如果具有更高的集群化发展指数,也会获得产出效率的提升(Portnov and Schwartz, 2009)。从另一个方面来说,集聚的区域外部性和"借用规模"也是区域增长过程中空间溢出效应的一种反映,城市不是孤立存在的,而是与周边城市和地区有着联系和交流,采用空间计量模型,学者也发现一个地区的经济增长会受到其他相近地区的影响(Ying, 2000; Fischer and Stirbock, 2006;吴玉鸣,2007;柯善咨,2009;潘文卿,2012)。

(三) 城市集聚外部性与城市网络外部性

集聚经济作用的发挥实质上反映了由"邻近"带来的好处,而这种"邻近"既可以是地理上的邻近,也可以是功能或交流上的邻近,如果城市处于一个密切联系的网络之中,即使空间上不相邻,也能够带来交易成本的降低和信息知识的溢出,称为网络外部性,有研究对其涵义和机制进行了详细的阐述(Capello, 2000; Johansson and Quigley, 2004)。与单一节点在空间上集聚的外部性相比,网络外部性是在其基础上的扩展,两者既有联系,也有区别,既互为补充,也互为替代(Johansson and Quigley, 2004; Burger and Meijers, 2016; Van Meeteren et al., 2016),在不同的条件下两者也会呈现出不同的作用效果(Glaeser et al., 2016)。其他一些学者也论证了城市网络外部性的存在性和合理性,指出区域间的技术和创新网络能够带来更高的产出水平(Boix and Trullen, 2007; Strumsky and Thill, 2013),网络强度和网络开放度也会影响城市群的持续发展能力(Eisingerich et al., 2010);阿西莫格鲁等(Acemoglu et al., 2015)指出网络效应是推动经济增长的重要因素,魏守华等(2013)则论证了城市群地区单个城市与城市网络的双重集聚会共同带来生产效率的提升。对于网络外部性,欧洲国家以中小城市及其形成的多中心城市区域为发展主体的事实提供了最为直接的证据;卡马格尼等(Camagni et al., 2015)发现即使是中小城市,通过与大城市形成密切的合作网络,也能够享受到规模经济的好处,从而获得功能提升和效率改善,这也解释了为什么欧洲的一些中小城市会迅速崛起,梅耶斯等(Meijers et al., 2016)基于欧洲西部地区城市体系的研究也表明,虽然城市规模是决定城市功能的主要因素,但网络联系也能够在一定程度上促进城市的功能升级。

值得说明的是,在对集聚效应的区域化以及网络外部性机制进行分析时,上述大部分文献都提到了这样的观点,外部效应的发挥需要建立在城市体系的不断完善以及城市之间交流联系不断加强的基础之上。只有各个城市之间通过协同发展(synergy)达到一种功能互补、密切合作的状态,城市网络才会产生"1+1＞2"的效应,空间整合、功能整合以及经济互补是城市网络化发展的经济基础(Meijers,2005;Van Oort et al.,2010)。对此,梅耶斯等(Meijers et al.,2018)则直接考察了功能整合、制度整合、文化整合对多中心区域经济绩效的影响,发现三个方面的整合特别是功能的整合对集聚经济外部性有着显著的提升作用。

城市网络外部性的相关效应也受到学者越来越多的关注,一些文献对其进行了总结和阐述(林柄全等,2018;陆军和毛文峰,2020;程玉鸿和苏小敏,2021)。另外对网络外部性的检验和识别也是研究的重点。刘修岩和陈子扬(2017)从网络外部性视角识别了城市体系中的规模借用与功能借用。种照辉等(2018)基于大数据和网络研究方法分析了长三角的经济网络特征,并定量识别了经济网络的溢出效应对经济增长的影响。丁如曦等(2020)检验了多中心城市网络的区域经济协调发展驱动效应。李佳洺等(Li et al.,2021)则基于战略新兴产业上市公司及其关联企业数据对集聚和网络外部性进行了检验,发现产业集聚和企业网络都对城市经济增长具有显著促进作用。此外,林柄全和孙斌栋(2022)、姚常成和吴康(2022)、周宏浩和谷国锋(2022)、孙铁山等(2022)、王艺晓等(2022)则分别检验了网络外部性对生产率、创新、环境、城市体系形成以及生产性服务功能的影响。

三、城市群经济绩效的相关研究

随着城市群在我国的快速崛起,立足于城市群具有的发育特征,也有越来越多的学者开始关注城市群在推动要素集聚和促进经济发展方面的优势,对其经济绩效进行了分析。吴福象和刘志彪(2008)检验了城市群对经济增长的推动作用,发现:一方面,异质性要素在不同城市的集聚提高了城市群的外部经济性和创新效率;另一方面,城市群基础设施的不断发展也能够强化需求关联的循环积累效应和投入产出联系。余静文和王春超(2010,2011)、余静文和赵大利(2010)都采用了断点回归的方法来对城市群的经济绩效进行分析,发现城市群落的形成提高了该区域的经济绩效,也有利于缩小地区差距。魏守华等(2013)实证检验了城市群所具有的双重集聚外部性,指出其会带来产出效率的提升。郭进等(2016)分析了城市群的金融外部性和技术外部性,发现前者表现为资本要素的跨城市配置,后者则表现为科学技术在城市间的扩散。原倩(2016)构建了城市集群的发展指标并论证了其对城市经济增长的推动和促进作用,而且相比核心地区,城市集群在边缘地区的增长效应更加明显。刘叶和刘伯凡(2016)则论证了城市群的生产性服务业和制造业协同集聚能够对制造业生产率产生正向影响。此外,颜银根和文洋(2017)、宋冬林和姚常成(2018)、丁任重等(2021)的研究也都发现城市群发展能够显著推动地区产业集聚和经济增长;李雪松等(2017)、苗洪亮和周慧(2018)则检验了城市群的一体化和联系强度对经济效率的提升作用。考虑不同视角,袁晓玲和李勇(2015)的研究发现城市群也能够显著提高能源效率;赵娜等(2017)重点关注了城市群对企业投资行为的影响,发现城市群行业内和跨行业的集聚效应都会导致企业间投资支出的"潮涌"现象,主导行业的溢出、上下游的纵向关联性及不动产抵押融资担保渠道是这种影响的主要路径;刘倩等(2020)则检验了城市群政策对区域金融协调发展的影响,发现其能够有效提升地区的金融发展质量。

不同空间结构和不同集聚特征的城市群,其经济绩效往往也存在差异。张浩然和衣保中(2012)发现单中心结构对城市群全要素生产率具有显著的促进作用,李佳洺等(2014)指出城市群中心度与经济增长之间关系整体上符合倒U形的特征,周晓波和倪鹏飞(2018)的研究发现更加符合齐普夫法则分布的城市群会带来更强的经济增长效应,刘凯等(2020)、于斌斌和郭东(2021)、李刚(2022)、王金哲和温雪(2022)、石敏俊等(2023)也分析了城市群空间结构对环境污染、经济效率、集聚溢出、创新能力和地区差距的影响。李煜伟和倪鹏飞(2013)论证了交通网络对于城市群经济发展的重要作用,张洪鸣和孙铁山(2022)在分析城市群经济增长网络外部性及作用机制中也强调了交通设施的支撑作用。此外,也有一些研究关注到了城市群发展可能给中心-外围结构和区域间发展差距带来的影响和变化。赵勇和魏后凯(2015)分析了城市群的空间功能分工和地区差距间的倒U形关系,金祥荣和赵雪娇(2016)、王贤彬和吴子谦(2018)都发现城市群中心城市对外围城市增长的正向溢出效应,而王艺晓等(2022)则指出了核心城市发展可能在生产性服务功能上的集聚阴影效应。安树伟和李瑞鹏(2022)通过比较京津冀和长三角分析了城市群核心城市对外围地区带动作用的差异,刘乃全等(2022,2023)直接考察了区域一体化发展对各城市间和城市各区县间收入差距的影响。

作为我国经济最为发达的地区,同时也是发育最为成熟的城市群,长三角城市群的发展对于我国参与国际竞争和实现经济转型具有至关重要的作用，因此也受到了众多学者的关注。徐现祥和李郇(2005)发现随着长三角城市群的深入发展和合作机制的完善，地方市场分割对区域协调发展的阻碍作用有了明显下降。张学良(2010)、毕秀晶和宁越敏(2013)、丁嵩和孙斌栋(2016)的研究则证实了长三角城市群各县市之间的经济增长存在显著的相互作用和空间溢出；孙斌栋和丁嵩(2016)还特别关注了在长三角城市群内部靠近大城市对小城市发展的作用，发现位于大城市附近有利于促进小城市的经济增长，高等级城市对低等级城市的影响更大。苏红键和赵坚(2011)则发现长三角城市群存在着广域的集聚经济，可以利用其实现产业相对多样化发展。叶静怡等(2016)主要考察了长三角城市群的知识溢出效应，发现地理和经济距离邻近性越高，高校知识溢出对城市创新的促进作用越大。刘乃全和吴友(2017)检验了2010年长三角城市群扩容带来的经济增长效应，并指出其内在机理主要在于经济联系机制、产业分工机制和市场统一机制。胡艳等(2018)则对长三角城市群各个城市间竞争和合作的效应进行了研究，比较而言，合作对本地和其他城市经济发展都能够产生正向影响。林细细等(2018)以合肥经济圈为例的研究也发现产业的集聚和互补能够加强外溢效应，从而带动区域经济增长。

四、研究评述

本节从城市群发展的基本属性、集聚经济的理论与实证、城市群经济绩效等方面对本书研究主题的相关研究进行了梳理，通过对国内外已有文献的综述，我们可以得到两个方面的启示。一方面，从现有文献可以看出，关于城市群形成和发展的规律已经有了一定的讨论，同时城市群所具有的经济绩效也得到了学者的关注，这些研究为本书提供了理论和现实基础，也能够说明本书研究的科学性和合理性。另一方面，现有研究也有待进一步完善，特别是缺乏从集聚经济角度对城市群这样一种空间组织形式在促进经济增长中具有的优势进行的系统分析。集聚是经济活动在空间上分布的客观规律，而城市群正是经济集中化的产物，无论是理论还是实证分析，对集聚经济的讨论多是在城市层面展开的，但是随着以城市群为主要表征的城市区域化和网络化发展趋势日益明显，集聚的空间不再限于单一城市，而会扩展到城市群。虽然提到了"借用规模"和网络外部性等机制，但是从城市群内在的发育特征出发，系统地论述集聚经济效应从城市到城市群的扩展和延伸，分析要素在城市群内集聚、流动和整合所带来的更强的集聚经济效益和生产效率提升,以及相应的实现路径和作用机制,并对此进行理论模型解释和实证上的检验,提供来自微观层面的事实证据,这样的研究还并不充分,也是本书研究的主要内容,旨在为城市群和集聚经济的相关理论和实证研究提供有益补充和扩展。

第一章
我国城市群发展的特征事实

改革开放以来,基于"两个大局"的总体构想,我国相继实施了东部率先发展、西部大开发、东北振兴、中部崛起等区域发展战略,形成了"四大板块"的区域发展格局。近年来,随着城镇化和工业化的快速推进,城市群的快速崛起已成为区域经济发展最为明显的特征,传统的以"四大板块"为主的发展战略也逐渐向城市群拓展和延伸,以城市群为核心的区域空间发展格局正日益形成。从目前来看,我国主要的城市群呈现出了一定的集聚和发育特征,同时形成了特定的竞争格局。本章主要梳理了我国城市群发展战略实施的主要历程,并对主要城市群的发展现状和当前格局进行了定量的识别。

第一节 我国城市群战略的演进历程

过去四十多年,我国取得了城镇化的快速增长,但是对于选择什么样的城镇化道路以及发展什么样的城市一直存在着争论(赵新平和周一星,2002;王小鲁,2010;陆铭等,2011)。由于就地城镇化更加符合改革开放初期的国情,在20世纪80年代,中国主要实行的是"严格控制大城市规模,合理发展中小城市,积极发展小城镇"的战略,城镇化的推进以小城镇和中小城市为主,大城市所具有的集聚经济优势在一定程度上受到抑制。而自20世纪90年代末以来,大城市的发展逐步放开,但与此同时,部分大城市也出现了交通拥挤、生态破坏、土地紧缺等一系列问题。在此背景下,将城市群作为新型城镇化的主要载体以实现大中小城市和小城镇的协调发展逐渐成为一种被普遍认可的道路。

国家"十一五"规划纲要首次提出"要把城市群作为推进城镇化的主体形态,逐步形成以沿海及京广京哈线为纵轴,长江及陇海线为横轴,若干城市群为主体,其他城市和小城镇点状分布,永久耕地和生态功能区相间隔,高效协调可持续的城镇化空间格局";"十二五"规划纲要也明确指出"遵循城市发展客观规律,以大城市为依托,以中小城市为重点,逐步形成辐射作用大的城市群,促进大中小城市和小城镇协调发展"。2010年出台的《全国主体功能区规划》则将城市群地区划定为优化开发和重点开发的区域,并从国土空间开发的角度较为完整地提出了我国"两横三纵"的城市群发展格局。党的十八大以来,国内外发展环境发生新的变化,我国进入高质量发展新的阶段、着力构建新发展格局,同时随着高铁网络的不断完善以及产业技术的升级迭代,城市群呈现出更加快速发展的趋势,战略主体地位也更加强化。

"十三五"和"十四五"规划纲要都继续强调了以城市群作为依托促进大中小城市和小城镇协调发展,通过优化城市群战略布局来带动城镇化空间格局的完善,要"优化提升京津冀、长三角、珠三角、成渝、长江中游等城市群,发展壮大山东半岛、粤闽浙沿海、中原、关中平原、北部湾等城市群,培育发展哈长、辽中南、山西中部、黔中、滇中、呼包鄂榆、兰州-西宁、宁夏沿黄、天山北坡等城市群",同时要"建立健全城市群一体化协调发展机制和成本共担、利益共享机制,统筹推进基础设施协调布局、产业分工协作、公共服务共享、生态共建环境共治",打造形成多中心、多层级、多节点的网络型城市群。《国家新型城镇化规划(2014—2020)》也提出要"发展集聚效率高、辐射作用大、城镇体系优、功能互补强的城市群,使之成为支撑全国经济增长、促进区域协调发展、参与国际竞争合作的重要平台"。此外,党的十九大和二十大报告也强调了城市群在区域经济发展和城镇化推进中的重要作用,要"以城市群、都市圈为依托构建大中小城市协调发展格局"。同时,在中央城镇化工作会议、中央城市工作会议和中央经济工作会议上,城市群的发展也多次被提及和强调。近年来京津冀协同发展、粤港澳大湾区建设、长三角一体化发展、成渝地区双城经济圈建设上升为国家战略,更加凸显了城市群的主体作用。

在总的战略指导下,国家还集中出台了多项有关城市群和经济区发展的专项规划来推动城市群的发展。2007年底武汉城市群和长株潭城市群就被批准为全国资源节约型和环境友好型社会建设综合配套改革试验区;2008年国家出台了《广西北部湾经济区发展规划》和《珠江三角洲地区改革发展规划纲要》;2010年前后国家又陆续出台了《关于支持福建省加快建设海峡西岸经济区的若干意见》《关中-天水经济区发展规划》《辽宁沿海经济带发展规划》《中国图们江区域合作开发规划纲要》《长江三角洲地区区域规划纲要》《皖江城市带承接产业转移示范区规划》《鄱阳湖生态经济区规划》《山东半岛蓝色经济区发展规划》《国务院关于支持河南省加快建设中原经济区的指导意见》《成渝经济区区域规划》等多个规划,构造起了我国城市群发展的基本框架。党的十八大以来,适应新的发展形势和新的发展要求,国家对城市群发展又作出了更加针对性的部署,以对城市群的未来发展进行更加详细和具体的指导。特别是随着京津冀协同发展、粤港澳大湾区建设、长三角一体化发展、成渝地区双城经济圈建设上升为国家战略,相继出台了《京津冀协同发展规划纲要》《粤港澳大湾区发展规划纲要》《长江三角洲区域一体化发展规划纲要》《成渝地区双城经济圈建设规划纲要》；另外针对其他地区尤其是跨省份城市群发展也出台了《长江中游城市群发展规划》《哈长城市群发展规划》《北部湾城市群发展规划》《中原城市群发展规划》《关中平原城市群发展规划》《兰州-西宁城市群发展规划》等规划；同时，在国家指导下，一些省级政府也有序制定出台了主要相关城市群的规划。在此基础上，我国逐渐形成了涵盖东中西和东北地区多个城市群的空间布局和发展体系，这些城市群也成为人口、产业和经济活动的主要集中地。

表1-1 我国主要城市群发展政策规划

城市群	规划名称	出台时间	主要城市
长三角城市群	《长江三角洲地区区域规划纲要》	2010年5月	上海、南京、苏州、无锡、常州、南通、扬州、泰州、镇江、杭州、嘉兴、湖州、绍兴、宁波、舟山、台州
	《全国主体功能区规划》	2010年12月	上海、南京、苏州、无锡、常州、南通、扬州、泰州、镇江、杭州、嘉兴、湖州、绍兴、宁波、舟山、台州
	《长江三角洲城市群发展规划》	2016年6月	上海、南京、苏州、无锡、常州、南通、盐城、扬州、镇江、泰州、杭州、宁波、嘉兴、湖州、绍兴、金华、舟山、台州、合肥、芜湖、马鞍山、铜陵、安庆、滁州、池州、宣城
	《长江三角洲区域一体化发展规划纲要》	2019年12月	上海、南京、苏州、无锡、常州、南通、徐州、盐城、淮安、连云港、扬州、镇江、泰州、宿迁、杭州、宁波、嘉兴、湖州、绍兴、金华、舟山、台州、温州、衢州、丽水、合肥、芜湖、蚌埠、淮南、马鞍山、淮北、铜陵、安庆、黄山、滁州、阜阳、宿州、六安、亳州、池州、宣城
珠三角城市群	《珠江三角洲地区改革发展规划纲要》	2008年12月	广州、深圳、珠海、佛山、江门、东莞、中山、惠州、肇庆
	《全国主体功能区规划》	2010年12月	广州、深圳、珠海、佛山、肇庆、东莞、惠州、中山、江门
	《粤港澳大湾区发展规划纲要》	2019年2月	广州、深圳、珠海、佛山、肇庆、东莞、惠州、中山、江门、香港、澳门

续　表

城市群	规划名称	出台时间	主　要　城　市
京津冀城市群	《全国主体功能区规划》	2010年12月	北京、天津、石家庄、唐山、秦皇岛、廊坊、保定、沧州、邯郸、邢台
	《京津冀协同发展规划纲要》	2015年4月	北京、天津、石家庄、唐山、秦皇岛、廊坊、保定、沧州、邯郸、邢台、张家口、承德、衡水
成渝城市群	《全国主体功能区规划》	2010年12月	重庆、成都、绵阳、德阳、乐山
	《成渝经济区区域规划》	2011年5月	重庆、成都、德阳、绵阳、眉山、资阳、遂宁、乐山、雅安、自贡、泸州、内江、南充、宜宾、达州、广安
	《成渝城市群发展规划》	2016年4月	重庆、成都、自贡、泸州、德阳、绵阳、遂宁、内江、乐山、南充、眉山、宜宾、广安、达州、雅安、资阳
	《成渝地区双城经济圈建设规划纲要》	2021年10月	重庆、成都、自贡、泸州、德阳、绵阳、遂宁、内江、乐山、南充、眉山、宜宾、广安、达州、雅安、资阳
长江中游城市群	武汉城市群	《关于批准武汉城市圈为全国资源节约型和环境友好型社会建设综合配套改革试验区的通知》	2007年12月	武汉、黄石、黄冈、鄂州、咸宁、孝感、仙桃、天门、潜江
		《全国主体功能区规划》	2010年12月	武汉、黄石、黄冈、鄂州、咸宁、孝感、仙桃、天门、潜江
		《长江中游城市群发展规划》	2015年4月	武汉、黄石、鄂州、黄冈、孝感、咸宁、仙桃、潜江、天门、襄阳、宜昌、荆州、荆门
	长株潭城市群	《关于批准长株潭城市群为全国资源节约型和环境友好型社会建设综合配套改革试验区通知》	2007年12月	长沙、株洲、湘潭、衡阳、岳阳、益阳、常德、娄底

续　表

城　市　群		规　划　名　称	出台时间	主　要　城　市
长江中游城市群	长株潭城市群	《全国主体功能区规划》	2010年12月	长沙、株洲、湘潭、衡阳、岳阳、益阳、常德、娄底
^	^	《长江中游城市群发展规划》	2015年4月	长沙、株洲、湘潭、岳阳、益阳、常德、衡阳、娄底
^	环鄱阳湖城市群	《鄱阳湖生态经济区规划》	2009年12月	南昌、景德镇、鹰潭、九江、新余、抚州、宜春、上饶、吉安
^	^	《全国主体功能区规划》	2010年12月	南昌、九江、景德镇、鹰潭、新余、抚州
^	^	《长江中游城市群发展规划》	2015年4月	南昌、九江、景德镇、鹰潭、新余、宜春、萍乡、上饶、抚州、吉安
山东半岛城市群		《全国主体功能区规划》	2010年12月	青岛、烟台、威海、东营、滨州
^		《山东半岛蓝色经济区发展规划》	2011年1月	青岛、烟台、潍坊、威海、日照、东营、滨州
^		《山东半岛城市群发展规划》	2021年12月	济南、淄博、泰安、聊城、德州、滨州、东营、青岛、烟台、潍坊、威海、日照、临沂、枣庄、济宁、菏泽
中原城市群		《全国主体功能区规划》	2010年12月	郑州、开封、洛阳、许昌、焦作、新乡、平顶山
^		《国务院关于支持河南省加快建设中原经济区的指导意见》	2011年9月	郑州、开封、洛阳、许昌、焦作、新乡、平顶山、漯河、济源
^		《中原城市群发展规划》	2016年12月	郑州、开封、洛阳、平顶山、新乡、焦作、许昌、漯河、济源、鹤壁、商丘、周口、晋城、亳州
海峡西岸城市群		《关于支持福建省加快建设海峡西岸经济区的若干意见》	2009年5月	福州、厦门、泉州、漳州、宁德、莆田、三明、宁德、南平
^		《全国主体功能区规划》	2010年12月	福州、厦门、泉州、温州、汕头、漳州、莆田、宁德、潮州、揭阳、汕尾

续　表

城市群	规划名称	出台时间	主　要　城　市
辽中南城市群	《辽宁沿海经济带发展规划》	2009年7月	大连、丹东、锦州、营口、盘锦、葫芦岛
	《全国主体功能区规划》	2010年12月	沈阳、大连、鞍山、抚顺、本溪、丹东、营口、辽阳、盘锦、铁岭
哈长城市群	《中国图们江区域合作开发规划纲要》	2009年11月	长春、吉林、延边
	《全国主体功能区规划》	2010年12月	哈尔滨、大庆、齐齐哈尔、牡丹江、长春、吉林、延边、松原
	《哈长城市群发展规划》	2016年3月	哈尔滨、大庆、齐齐哈尔、绥化、牡丹江、长春、吉林、四平、辽源、松原、延边
关中城市群	《关中-天水经济区发展规划》	2009年6月	西安、铜川、宝鸡、咸阳、渭南、杨凌、商洛、天水
	《全国主体功能区规划》	2010年12月	西安、咸阳、铜川、宝鸡、渭南、商洛、天水
	《关中平原城市群发展规划》	2018年1月	西安、宝鸡、咸阳、铜川、渭南、杨凌、商洛、运城、临汾、天水、平凉、庆阳
北部湾城市群	《广西北部湾经济区发展规划》	2008年1月	南宁、北海、钦州、防城港
	《全国主体功能区规划》	2010年12月	南宁、北海、钦州、防城港、湛江、海口、三亚
	《北部湾城市群发展规划》	2017年2月	南宁、北海、钦州、防城港、玉林、崇左、湛江、茂名、阳江、海口
山西中部城市群	《全国主体功能区规划》	2010年12月	太原、晋中、临汾、忻州、吕梁、长治
	《山西中部城市群高质量发展规划》	2022年11月	太原、晋中、忻州、吕梁、阳泉

续　表

城市群	规划名称	出台时间	主要城市
呼包鄂榆城市群	《全国主体功能区规划》	2010年12月	呼和浩特、包头、鄂尔多斯、榆林
	《呼包鄂榆城市群发展规划》	2018年2月	呼和浩特、包头、鄂尔多斯、榆林
滇中城市群	《全国主体功能区规划》	2010年12月	昆明、曲靖、玉溪、楚雄
	《滇中城市群发展规划》	2020年8月	昆明、曲靖、玉溪、楚雄、红河
黔中城市群	《全国主体功能区规划》	2010年12月	贵阳、遵义、安顺、黔东南、黔南
	《黔中城市群发展规划》	2017年3月	贵阳、遵义、安顺、毕节、黔东南、黔南
兰州西宁城市群	《全国主体功能区规划》	2010年12月	兰州、西宁、白银、格尔木、海东
	《兰州-西宁城市群发展规划》	2018年2月	兰州、白银、定西、临夏、西宁、海东、海北、海南、黄南
宁夏沿黄城市群	《全国主体功能区规划》	2010年12月	银川、吴忠、中卫、石嘴山
天山北坡城市群	《全国主体功能区规划》	2010年12月	乌鲁木齐、昌吉、石河子、克拉玛依、奎屯、博乐、伊宁、五家渠、阜康、乌苏

第二节　我国城市群的集聚和发育特征

基于对城市群战略演进的梳理,本书也拟对我国主要城市群的发展特征进行描述[①]。正如本研究所强调的,城市群是经济集中化的产物,经济活动的集聚空间不仅限于城市内,而会扩展到城市群,因此本章将聚焦城市群的集聚

---

① 在本书的分析中,对于我国主要城市群的划分和范围,以相关政策规划作为主要参考,同时根据已有文献和现实发展作个别调整。

和发育特征。表1-2显示了基于第七次人口普查数据的主要城市群人口相关指标数值和占全国的比重，可以看出，城市群有着较为明显的人口集聚特征，已经成为我国人口的主要集聚地，占到了全国总人口的76.54%，其中人口最多的前三大城市群就占到了全国人口的近三分之一，前十大城市群占比则达到57.93%。而作为我国城镇化的主要载体，城市群之于城镇人口的占比则要更大，80.70%的城镇人口都分布在城市群内，其中长三角、京津冀和珠三角城市群的占比达到了34.49%，三大城市群也是农村人口进城务工的主要流入地。表中也进一步统计了拥有大学及以上学历的高技能人口的分布情况，这类人口中，城市群的集聚趋势更加明显，所占比重更大：一方面，城市群的教育条件会更好；另一方面，城市群所拥有的更多高能级的产业和更便利的生活设施对高技能劳动力的吸引力也会更强。

表1-2 我国主要城市群的人口集聚特征

城市群	常住总人口(万人) 数值	常住总人口(万人) 占全国比重	城镇人口(万人) 数值	城镇人口(万人) 占全国比重	大学及以上人口(万人) 数值	大学及以上人口(万人) 占全国比重
长三角城市群	23 521.37	16.68%	16 664.53	18.52%	4 331.59	19.94%
京津冀城市群	11 036.93	7.83%	7 572.74	8.41%	2 219.12	10.22%
珠三角城市群	7 794.87	5.53%	6 802.05	7.56%	1 596.70	7.35%
成渝城市群	10 270.99	7.29%	6 406.94	7.12%	1 482.98	6.83%
山东半岛城市群	4 853.55	3.44%	3 419.13	3.80%	944.40	4.35%
海峡西岸城市群	4 154.01	2.95%	2 855.72	3.17%	587.71	2.71%
辽中南城市群	3 293.32	2.34%	2 532.89	2.81%	651.05	3.00%
武汉城市群	4 897.39	3.47%	3 152.67	3.50%	806.63	3.71%
长株潭城市群	4 133.17	2.93%	2 621.43	2.91%	612.77	2.82%
环鄱阳湖城市群	3 621.86	2.57%	2 234.89	2.48%	453.76	2.09%
哈长城市群	4 264.67	3.03%	2 678.99	2.98%	702.42	3.23%
中原城市群	6 512.50	4.62%	3 799.10	4.22%	885.51	4.08%

续　表

城市群	常住总人口(万人) 数值	常住总人口(万人) 占全国比重	城镇人口(万人) 数值	城镇人口(万人) 占全国比重	大学及以上人口(万人) 数值	大学及以上人口(万人) 占全国比重
关中城市群	4 368.07	3.10%	2 582.26	2.87%	779.45	3.59%
呼包鄂榆城市群	1 193.39	0.85%	896.27	1.00%	268.72	1.24%
山西中部城市群	1 609.02	1.14%	1 094.89	1.22%	328.38	1.51%
北部湾城市群	4 146.02	2.94%	2 245.77	2.50%	487.31	2.24%
黔中城市群	2 921.70	2.07%	1 610.48	1.79%	337.37	1.55%
滇中城市群	2 337.05	1.66%	1 399.79	1.56%	347.99	1.60%
兰州西宁城市群	1 532.04	1.09%	913.23	1.01%	260.96	1.20%
宁夏沿黄城市群	606.05	0.43%	418.07	0.46%	112.16	0.52%
天山北坡城市群	835.48	0.59%	723.07	0.80%	219.54	1.01%
前三大城市群	44 829.29	31.80%	31 039.32	34.49%	8 147.41	37.51%
前十大城市群	81 674.25	57.93%	55 973.30	62.19%	14 399.85	66.29%
城市群合计	107 903.35	76.54%	72 624.91	80.70%	18 416.52	84.78%
全国合计	140 977.87	100.00%	89 999.12	100.00%	21 722.47	100.00%

注：表中前三大和前十大城市群指的是对应指标排名前三位和前十位的城市群，余表同。

表1-3也统计了相关经济活动在城市群的集聚情况，选取了地区生产总值、社会消费品零售总额和进出口总额等指标，数据来源于2021年《中国城市统计年鉴》和《中国统计年鉴》。不仅是人口，城市群也是我国经济活动的主要集中地，分别贡献了84.49%、84.96%的经济总产出和国内消费额，其中前十大城市群所占比重达到了70.32%、71.39%，长三角、京津冀和珠三角城市群作为我国经济发展的三大增长极，在两项指标上的占比都超过了40%。而在对外开放方面，城市群的吸引力和集聚力则要更强，进出口总额甚至占到了全国的95.41%，其中三大城市群的贡献接近于70%。

表 1-3 我国主要城市群的经济活动集聚特征

城市群	地区生产总值（亿元）数值	占比	社会消费品零售总额（亿元）数值	占比	进出口总额（亿元）数值	占比
长三角城市群	246 755	24.29%	97 982.32	25.00%	118 588.95	36.80%
京津冀城市群	86 521	8.52%	30 004.31	7.65%	34 966.98	10.85%
珠三角城市群	89 522	8.81%	31 212.07	7.96%	67 676.83	21.00%
成渝城市群	68 229	6.72%	30 586.34	7.80%	14 552.64	4.52%
山东半岛城市群	47 908	4.72%	18 401.62	4.69%	17 849.45	5.54%
海峡西岸城市群	43 952	4.33%	18 626.45	4.75%	14 039.68	4.36%
辽中南城市群	21 888	2.15%	7 911.77	2.02%	6 446.91	2.00%
武汉城市群	37 289	3.67%	14 992.80	3.82%	3 852.16	1.20%
长株潭城市群	32 386	3.19%	12 296.82	3.14%	4 021.70	1.25%
环鄱阳湖城市群	22 046	2.17%	8 687.30	2.22%	3 669.85	1.14%
哈长城市群	20 468	2.01%	7 174.67	1.83%	2 461.63	0.76%
中原城市群	39 295	3.87%	16 165.18	4.12%	5 849.13	1.82%
关中城市群	22 536	2.22%	9 548.01	2.44%	3 817.42	1.18%
呼包鄂榆城市群	13 212	1.30%	3 240.50	0.83%	362.40	0.11%
山西中部城市群	8 937	0.88%	3 377.10	0.86%	1 303.80	0.40%
北部湾城市群	20 225	1.99%	8 289.67	2.11%	5 262.10	1.63%
黔中城市群	11 019	1.08%	4 618.59	1.18%	476.57	0.15%
滇中城市群	11 751	1.16%	4 795.59	1.22%	1 432.77	0.44%
兰州西宁城市群	5 712	0.56%	2 660.57	0.68%	189.47	0.06%
宁夏沿黄城市群	3 568	0.35%	1 180.56	0.30%	123.02	0.04%
天山北坡城市群	5 205	0.51%	1 292.18	0.33%	473.87	0.15%

续 表

城 市 群	地区生产总值（亿元） 数值	地区生产总值（亿元） 占比	社会消费品零售总额（亿元） 数值	社会消费品零售总额（亿元） 占比	进出口总额（亿元） 数值	进出口总额（亿元） 占比
前三大城市群	422 798	41.61%	159 780.73	40.76%	221 232.76	68.66%
前十大城市群	714 393	70.32%	279 815.92	71.39%	289 254.37	89.77%
城市群合计	858 424	84.49%	333 044.42	84.96%	307 417.33	95.41%
全国合计	1 015 986.2	100.00%	391 980.6	100.00%	322 215.2	100.00%

我国城市群的发展具有较为显著的集聚特征，理论上，这能够形成更强的集聚经济效应，有利于提高生产效率。基于前文对城市群人口和经济活动集聚特征的分析可以发现，城市群在主要经济指标上所占的比重要高于人口指标，这样的结果其实能够在一定程度上表明，城市群有着更高的劳动生产率。除此之外，这里还统计了各个城市群的人均生产总值和地均生产总值，以此作为产出效率的表征，并将其与所在省份的平均水平进行比较，结果如表 1-4 所示。除了与省份重合的情况，大部分城市群的人均产出和地均产出都要高于所在省份，因而在剔除省份因素影响的情况下，城市群能够带来相对更高的生产率水平。

表 1-4 我国主要城市群生产效率的相关特征

城 市 群	人均生产总值(元) 数 值	人均生产总值(元) 与所在省比例	地均生产总值(元) 数 值	地均生产总值(元) 与所在省比例
长三角城市群	104 832.61	1.00	6 890.75	1.00
京津冀城市群	78 370.47	1.00	3 958.96	1.00
珠三角城市群	114 434.36	1.30	16 287.68	2.65
成渝城市群	66 383.54	1.04	2 848.24	2.18
山东半岛城市群	93 345.54	1.29	5 566.72	1.17
海峡西岸城市群	75 290.53	1.00	2 295.97	1.00

续 表

城市群	人均生产总值(元) 数值	人均生产总值(元) 与所在省比例	地均生产总值(元) 数值	地均生产总值(元) 与所在省比例
辽中南城市群	66 691.04	1.13	2 241.75	1.30
武汉城市群	82 062.06	1.10	3 147.68	1.35
长株潭城市群	78 340.59	1.25	3 344.52	1.70
环鄱阳湖城市群	60 850.12	1.07	1 713.20	1.11
哈长城市群	50 438.64	1.09	732.62	1.86
中原城市群	60 979.21	1.10	4 809.55	1.46
关中城市群	51 890.40	1.02	1 391.55	2.15
呼包鄂榆城市群	110 560.67	1.53	756.02	3.15
山西中部城市群	55 509.32	1.10	1 201.50	1.06
北部湾城市群	48 723.20	1.10	1 842.84	1.96
黔中城市群	50 154.76	1.08	1 470.75	1.45
滇中城市群	71 304.61	1.37	1 810.91	2.83
兰州西宁城市群	46 704.82	1.20	806.24	3.89
宁夏沿黄城市群	58 877.89	1.08	735.05	1.24
天山北坡城市群	88 671.21	1.65	227.79	2.74

城市群所具有的集聚经济效益与其自身的发育特征密切相关,特别是产业上的分工属性和空间上的多中心属性,这对城市群的发展至关重要,因此本章也通过构建相关的指标来对此进行分析。首先考虑城市群的分工特征,理论上城市群会形成水平分工与垂直分工相结合的分工体系,参考相关的研究,本章计算了城市群的产业结构相似系数和功能分工指数。前者是研究地区间产业分工时采用较多的方法,系数的构造如式 1-1 所示,其中 S_{ij} 表示地区 i 和地区 j 产业结构的相似系数,k 表示参与计算的产业部门,n 表示产业部门总的个数,X_{ik} 和 X_{jk} 分别表示产业 k 在地区 i 和地区 j 的所有产业中所占的

比重,这里用从业人员比重来表示,S_{ij} 取值越大表明两地区产业结构越相似,分工的程度越低,取值越小则表明两地区产业结构相似性越小,产业分工程度越高。利用人口普查数据中分行业就业人员的数据,本章对每个城市群内两两城市之间的产业结构相似系数进行了计算,并通过对各个城市之间的值求平均得到了城市群相应的指标值。

$$S_{ij} = \frac{\sum_{k=1}^{n} X_{ik} X_{jk}}{\sqrt{\sum_{k=1}^{n} X_{ik}^2 \sum_{k=1}^{n} X_{jk}^2}} \tag{1-1}$$

功能分工指数主要是反映城市群基于产业链不同功能进行分工的指标,参考已有文献(Duranton and Puga,2005;赵勇和白永秀,2012;赵勇和魏后凯,2015;马燕坤,2016),首先计算每个城市的功能专业化强度,用城市生产性服务业就业人员与制造业就业人员的比值超过城市群平均水平的部分来表示,而考虑到以生产性服务业为主的产业链高端环节理论上应该更多地分布于城市群的中心城市,这里以所有中心城市形成的功能专业化强度来表示城市群整体的功能分工指数,指数越大,城市群的功能分工程度越高。

除了度量城市群的分工情况,本章还计算了城市首位度和位序-规模系数来反映城市群的空间多中心程度,其中首位度越大表明城市群规模分布更加集中在少数的单中心城市;位序-规模系数的计算如式1-2所示,$R(s_i)$为城市 i 在城市群中的排名,s_i 为城市 i 的人口规模,通过对式子取对数进行回归分析,β 为位序-规模系数,数值越大,人口分布越分散,一般 β 大于1表明城市群更加具有多中心的特征。

$$R(s_i) = A s_i^{-\beta} \tag{1-2}$$

表1-5显示了我国城市群发育的产业功能分工和空间多中心情况,总的来看,产业结构相似系数和功能分工指数具有较强的关联性,产业结构相似度低的城市群也会具有更高的功能分工指数,这能够在一定程度表明,城市群内的功能垂直分工和产业水平分工存在相辅相成的关系。结合前文的分析可知,集聚规模和发展水平越高的城市群往往会具有更加完善的产业体系,分工程度相对也会更高,此外城市群的中心城市越发达,其所具有的功能等级也就会越高,相应地城市群的功能分工指数也会越大。值得注意的是,一些以传统工业和资源型产业为主的城市群,如辽中南、哈长、太原和呼包鄂榆城市群,功

能分工指数都处于较低的水平,如何实现转型发展是这些城市群亟待解决的问题。基于城市首位度和位序-规模系数来分析城市群的空间结构特征,可以看到,通过集聚和扩散的相互作用,大部分城市群都愈发呈现出多中心的趋势,以长三角、京津冀和珠三角三大城市群的发展为例,长三角和珠三角规模分布的多中心性相对更强,而对于京津冀城市群来说,则需要进一步通过北京的发展来带动周边地区的集聚和增长。

表 1-5 我国主要城市群分工和多中心的相关特征

城 市 群	产业结构相似系数	功能分工指数	城市首位度	位序-规模系数
长三角城市群	0.831 2	1.267 1	0.371 7	1.068 3
京津冀城市群	0.888 2	1.484 8	0.431 9	0.688 4
珠三角城市群	0.726 7	1.560 8	0.227 3	0.721 1
成渝城市群	0.955 4	0.679 5	0.445 5	0.774 1
山东半岛城市群	0.866 3	1.822 7	0.194 6	1.314 9
海峡西岸城市群	0.837 6	1.846 5	0.195 0	1.491 2
辽中南城市群	0.774 0	0.153 7	0.309 1	1.079 2
武汉城市群	0.947 7	0.554 2	0.436 9	0.998 9
长株潭城市群	0.892 9	2.151 5	0.205 8	2.175 1
环鄱阳湖城市群	0.901 7	1.704 7	0.190 3	2.303 0
哈长城市群	0.901 8	0.035 2	0.277 1	1.144 0
中原城市群	0.875 8	1.345 4	0.279 6	1.474 7
关中城市群	0.958 1	0.352 6	0.427 6	1.013 1
呼包鄂榆城市群	0.840 7	0.369 9	0.271 8	0.993 9
山西中部城市群	0.856 1	0.018 6	0.408 9	1.070 9
北部湾城市群	0.955 7	0.576 5	0.308 0	1.250 9
黔中城市群	0.954 5	0.329 8	0.280 5	1.422 4

续 表

城 市 群	产业结构相似系数	功能分工指数	城市首位度	位序-规模系数
滇中城市群	0.948 5	0.423 7	0.342 0	1.195 1
兰州西宁城市群	0.874 3	0.045 5	0.327 2	1.176 3
宁夏沿黄城市群	0.865 0	0.605 8	0.274 0	1.468 8

基于上述集聚和发育相关特征的分析,同时考虑各城市群是否形成了较为完善的城市体系,如是否同时具有人口规模在50万以下、50万—100万、100万—300万、300万—500万和500万以上的各等级城市,可以对我国城市群发育的阶段进行初步判断。与国家"十三五"和"十四五"规划中的相关内容基本相符,作为三大增长极,长三角、珠三角和京津冀城市群是我国发展相对最为成熟的城市群,已经具备了较大的发展规模,形成了相对完善的城市体系和交通网络,具有较高的城市化水平和经济发展水平。东部地区的其他城市群如山东半岛城市群、海峡西岸城市群,以及中西部地区的区域增长极如成渝城市群、中原城市群、武汉城市群、长株潭城市群、关中城市群,虽然与三大城市群相比仍存在一定的差距,但在核心城市的带动下也都取得了快速发展,具备了发展为成熟型城市群的潜力。而中西部地区的其他城市群,目前仍然处于形成阶段,需要进一步提高自身的发育水平。

第三节 我国城市群的综合发展格局

在对城市群基本的集聚和发育特征进行分析的基础上,本章也进一步选取更多的指标从经济、社会和生态发展方面对我国城市群的现状和格局进行更加全面的分析。

在经济方面,主要考虑到了:(1)经济规模,采用GDP总量、规模以上工业总产值、工业用电量和社会消费品零售总额等指标来度量;(2)产出效率,采用人均GDP和地均GDP等指标来度量;(3)收入水平,采用在岗职工平均工资、城镇居民人均可支配收入和农村居民人均纯收入等指标来衡量;(4)增长潜力,采用GDP增长率、就业人数、全社会固定资产投资总额、每万人在校大学生数、政府科技支出等指标来度量;(5)产业结构,采用非农产业比重和第三产业与第二产业产值比来衡量;(6)金融财政,采用地方财政一般预算收入和金融机构人民币贷款额等指标来度量;(7)对外开放,采用货物进出口总额和外商直接投资实际使用额来表示;(8)基础设施,采用公路网密度、人均城市道路面积、每万人拥有公共汽车数、邮电业务总量、移动电话用户数、国际互联网用户数等指标来进行度量。

在社会发展方面,重点关注:(1)社会稳定,采用城乡收入比和城镇登记失业率来反映;(2)人口结构,采用城镇人口比重和65岁以上人口比重来度量城市化和老龄化;(3)社会保障,采用城镇养老、医疗和失业保险参保比重来度量社会保障水平;(4)居民住房,采用农村人均住房面积和城镇人均住房建筑面积来表示;(5)教育文化,采取普通中学师生比、生均财政教育支出、每百人拥有公共图书馆藏书和影院、剧场以及公共图书馆数等来进行衡量;(6)医疗卫生,采用每万人拥有医生数和每万人拥有卫生机构床位数来进行度量。

在生态发展方面,则从以下几点来考虑:(1)资源禀赋,采用人均生活用电量、人均生活用水量、人均煤气用量和人均液化石油气用量来度量;(2)绿化状况,这里用人均绿地面积和建成区绿化覆盖率来度量;(3)环境污染,用单位GDP工业废水排放量、单位GDP工业二氧化硫排放量和单位GDP工业烟尘排放量来反映污染状况;(4)环境治理,这里采用一般工业固体废物综合利用率、城镇生活污水处理率和生活垃圾无害化处理率来度量环境治理水平。

采用多指标因子分析方法,计算得到了每个城市群的经济发展指数、社会发展指数、生态发展指数和综合发展指数,标准化后的指数值和排名情况如表1-6所示。

表1-6 我国主要城市群发展指数

城市群	经济发展指数		社会发展指数		生态发展指数		综合发展指数	
	指数值	排名	指数值	排名	指数值	排名	指数值	排名
长三角城市群	100.000	1	94.392	2	91.297	2	100.000	1
珠三角城市群	90.037	2	100.000	1	100.000	1	98.592	2
京津冀城市群	89.412	3	87.149	4	74.618	13	84.305	3

续 表

城 市 群	经济发展指数 指数值	排名	社会发展指数 指数值	排名	生态发展指数 指数值	排名	综合发展指数 指数值	排名
山东半岛城市群	79.999	4	86.305	5	84.950	4	83.020	4
海峡西岸城市群	71.424	7	84.783	6	88.427	3	79.895	5
成渝城市群	76.156	5	82.677	8	79.140	8	79.309	6
武汉城市群	72.364	6	88.572	3	77.706	9	77.892	7
长株潭城市群	68.043	9	84.126	7	84.519	5	77.026	8
中原城市群	70.411	8	78.746	10	76.034	11	73.981	9
辽中南城市群	67.852	10	76.221	12	74.871	12	71.960	10
环鄱阳湖城市群	64.657	14	72.088	14	83.173	7	71.629	11
哈长城市群	67.268	12	75.049	13	69.314	16	69.152	12
北部湾城市群	62.909	17	68.928	17	83.910	6	69.089	13
关中城市群	65.319	13	71.760	15	73.149	15	68.461	14
呼包鄂榆城市群	67.756	11	78.263	11	61.955	18	68.047	15
滇中城市群	63.730	16	69.713	16	73.325	14	66.730	16
山西中部城市群	63.965	15	79.651	9	60.000	20	66.326	17
黔中城市群	60.529	19	60.000	20	76.794	10	63.557	18
兰州-西宁城市群	62.555	18	66.119	19	60.253	19	62.485	19
宁夏沿黄城市群	60.000	20	67.403	18	68.397	17	60.000	20

首先对城市群的经济发展格局进行分析,可以看出,东部地区城市群相比中西部城市群具有明显的优势,长三角城市群、珠三角城市群、京津冀城市群、山东半岛城市群和海峡西岸城市群排名较前。其中长三角城市群是我国经济体量最大的城市群,在消费需求、对外开放和金融财政等方面也都领先于其他城市群,这也与其核心城市上海打造全球经济、金融、航运、贸易、科创中心相

对应。具有规模优势的城市群在生产效率、收入水平和产业结构等经济效率方面也都表现更好。在经济增长潜力方面，依托投资驱动和相关政策支持，近几年中西部地区城市群的GDP增长率超过了东部地区。成渝城市群、武汉城市群、中原城市群、长株潭城市群是中西部地区经济发展水平较高的地区，这些城市群都能够在核心城市的带动下，形成一定的产业集群，具有了较大的经济体量，但是从产出效率和产业结构来看，与发达城市群相比仍存在一定的差距。此外，呼包鄂榆城市群和哈长城市群都具有一定的经济基础和要素资源，但目前也都面临着经济转型的巨大压力。而西部地区大部分城市群，如黔中、滇中、北部湾、宁夏沿黄和兰州西宁城市群，经济发展水平需要进一步提升。

良好的社会环境也是城市群发展的重要组成部分，珠三角城市群、长三角城市群、武汉城市群、京津冀城市群、成渝城市群、山东半岛城市群、长株潭城市群和海峡西岸城市群等经济发展较好的城市群也具有较高的社会发展指数。虽然人口的大量集聚会带来一定的拥挤效应，但城市群的发展能够形成更大的规模经济效应，强化集聚正外部性的同时，也有利于消除集聚负外部性带来的不利影响，因此城市群经济发展并没有造成社会发展的绝对恶化。究其原因，经济发达的地区能够创造出更多的就业机会，这能满足人口增加导致的对就业的需求。另外，经济发展较好的城市群也是城市化程度较高的地区，人口由农村流入城市缩小了城乡之间的收入差距。而经济发展对社会发展最主要的影响体现在教育、文化、医疗和社会保障方面，经济发达的城市群往往拥有更加完善的教育设施、文化设施、医疗卫生设施和社会保障能力且能够实现更大范围的共享，在普通中学师生比，生均财政教育支出，每百人拥有公共图书馆藏书、影院剧场及公共图书馆数，每万人拥有医生数和卫生机构床位数，以及社会保险参保比重等指标上都具有更好的表现。城市群的经济与社会发展也并不是完全同步，有的城市群老龄化问题较为严重，文化发展水平也较低，这会影响城市群的劳动力供给和人力资本水平，削弱未来发展潜力。

生态环境决定了城市群未来的发展空间，城市群生态发展指数上，珠三角城市群和长三角城市群仍然位于前两位，无论是水、电、气的供给，还是绿化状况，两个城市群都要高于全国平均水平，而在环境污染和治理方面，虽然珠三角和长三角城市群的污染物排放总量较多，但对比产出规模，其单位GDP的污染物排放较少，同时污染物的处理率较高，在环境生产效率和环境治理方面具有明显的优势，这与一些学者通过研究得到的经济活动空间集聚有利于减少单位GDP工业污染排放强度的结论相一致(陆铭和冯皓，2014)。与经济和社会发展相比,城市群生态可持续发展"东高西低"的局面有所缓解,一些中西部城市群如长株潭城市群、北部湾城市群和环鄱阳湖城市群的排名也较高,而这主要与城市群的建设指导思想重视维护生态环境相关,长株潭城市群着力打造两型社会综合配套改革试验区,以资源节约和环境友好为建设宗旨,环鄱阳湖城市群的发展定位更是要打造生态经济区。与之相比,一些城市群在经济发展过程中对生态的维护则不够完善,如京津冀城市群,虽然经济发展水平较高,但生态环境仍需进一步改善。此外,哈长城市群、呼包鄂榆城市群和山西中部城市群的生态可持续发展得分都比较低,这在一定程度上凸显了资源型城市和地区进行转型的必要性和紧迫性,过度依赖资源的发展模式并不具备可持续性。

综上所述,城市群的经济、社会和生态总体上具有一种协同发展的关系,社会和生态发展能够为经济发展提供支撑,经济发展在一定程度上也可以依托城市群形成的规模经济效应来推动社会环境的改善和生态效率的提高。但具体到每一个城市群,其发展模式也会呈现出不同的特点,有的城市群发展较为均衡,而有的城市群却在其中一方面存在优势或不足。其中长三角、珠三角、山东半岛城市群等属于高水平协调发展型城市群,经济、社会和生态发展指数都处于较高水平而且较为均衡;成渝城市群、中原城市群等则是经济优先型城市群,经济指数相对社会和生态发展较高;武汉城市群、山西中部城市群等社会发展指数较为突出;海峡西岸城市群、长株潭城市群、环鄱阳湖城市群、北部湾城市群和黔中城市群等着力建设生态友好型城市群;相对应地,有的城市群生态建设则滞后于经济发展,成为生态缺失型城市群,京津冀城市群、哈长城市群和呼包鄂榆城市群则属于此类城市群;最后,还存在一些城市群,其经济、社会和生态发展处于低水平均衡的状态。

基于城市群综合发展指数对我国城市群发展的整体格局进行分析。较为明显的是,城市群的综合发展指数具有由东向西递减的趋势,在分布方面则呈现出了两端陡峭、中间平缓的特征。长三角和珠三角是我国相对最为发达的两个城市群,无论是经济、社会还是生态发展,优势都十分明显;另外,东部地区由京津冀城市群、山东半岛城市群和辽中南城市群构成的环渤海城市群板块、海峡西岸城市群以及中西部地区发展的增长极成渝城市群、武汉城市群、长株潭城市群、中原城市群则构成了第二梯队,具备了较强的竞争实力,整体发展高于城市群平均水平,但与长三角和珠三角城市群相比仍然存在一定差距;环鄱阳湖城市群、哈长城市群、北部湾城市群、关中城市群和呼包鄂榆城市群属于第三梯队,整体发展竞争力低于城市群平均水平,但存在较大发展潜力和提升改善空间;最后,滇中城市群、山西中部城市群、黔中城市群、兰州-西宁城市群和宁夏沿黄城市群则属于第四梯队,仍需要进一步培育和发展。

　　城市群不仅仅是西部大开发、中部崛起、振兴东北等战略实施的主要平台,更是新时期长江和黄河流域高质量发展以及"一带一路"等新的区域发展战略实施的主要载体。长江经济带的建设要将以长三角城市群为主的长江下游城市群板块,包含武汉城市群、长株潭城市群和环鄱阳湖城市群的长江中游城市群板块,成渝城市群为主的长江上游城市群板块这三大跨区域城市群板块作为主体,以黔中和滇中两大区域性城市群为补充,把长江经济带打造成城市群的连绵带,而这三大城市群板块更是我国目前整体发展水平较高的地区。黄河流域生态保护和高质量发展也需要加强上中下游的联动,依托兰州-西宁城市群、关中城市群、中原城市群、山东半岛城市群的发展来重点推进。"一带一路"的建设同样需要以城市群作为主体,打造丝绸之路经济带要求加强关中城市群、宁夏沿黄城市群、兰州-西宁城市群、天山北坡城市群、哈长城市群、滇中城市群、北部湾城市群等的沿边开放能力,而海上丝绸之路的建设则要依托于长三角城市群、珠三角城市群、环渤海城市群板块以及海峡西岸城市群等的沿海开放,同时还需要内陆地区如成渝城市群、长江中游城市群、中原城市群、呼包鄂榆城市群等的支撑。总体来看,我国的沿海开放能力较强,相关城市群较为发达,而沿边开放城市群仍需要进一步强化自身的发展能力,以发挥在丝绸之路经济带建设中的枢纽地位。

本 章 小 结

　　本章主要梳理了我国城市群战略的演进历程,并对我国主要城市群的发展特征进行了分析和总结。随着城镇化的推进,将城市群作为主要载体以实现大中小城市和小城镇的协调发展逐渐成为一种被普遍认可的道路,以城市群为核心的区域空间发展格局正日益形成,我国的区域发展战略也逐步向城市群拓展和延伸。国家"十一五"规划纲要首次提出"把城市群作为推进城镇化的主体形态",《全国主体功能区规划》则从国土空间开发的角度较为完整地提出了我国"两横三纵"的城市群发展格局。党的十八大以来,城市群的战略主体地位更加凸显。《国家新型城镇化规划》以及"十三五""十四五"规划都继续强调了以城市群为依托促进大中小城市和小城镇协调发展、优化城镇化空间格局,党的十九大和二十大报告也指出城市群在区域经济发展和城镇化推进中的重要作用。近年来,京津冀协同发展、粤港澳大湾区建设、长三角一体化发展、成渝地区双城经济圈建设上升为国家战略,更加彰显了城市群的主体作用。在总的战略指导下,国家还集中出台了多项有关城市群和经济区发展的专项规划。在此基础上,我国逐渐形成了涵盖东中西和东北地区多个城市群的空间布局和发展体系。通过基本的事实分析可见,城市群已成为我国人口、产业和经济活动的主要集中地,总体上具备了一定的集聚和发育特征,有着更高的生产效率,而经过进一步采用多指标对城市群的发展阶段进行识别,并从经济、社会和生态多个方面对城市群的综合竞争格局进行分析,笔者也发现城市群的发展仍存在着一定的地区差异。本章的事实分析也为本书的研究主题和主要观点提供了初步的证据。

第二章
从城市到城市群：集聚经济的空间拓展

城市的出现和发展源于经济活动空间集聚所产生的正外部性,相同产业集聚的地方化经济与不同产业集聚的城市化经济推动了专业化城市和综合性城市的形成。但随着城市区域化和网络化发展趋势的演进,集聚的空间并不仅局限于单一城市,而会向城市群扩展。结合集聚和网络外部性的相关理论,在对城市群的发育规律和内在特征进行分析的基础上,本章重点阐述了城市群发展所能够形成的更强的集聚经济外部效应及其作用机制和实现路径,从而论证集聚空间从城市到城市群的扩展与演进,并尝试构建一个理论模型框架对此进行分析,为本书的研究提供理论上的支撑。

第一节　城市群的演进规律和内在特征

一、城市群演进的基本规律

　　基于相关的理论,城市群的形成和演化本质上体现了经济活动特定的空间配置和分布规律,特别是从单一城市向城市体系空间的扩展。在经济发展早期,生产技术较为落后,产业结构也较为单一,经济活动在空间上呈现出一种无序分布的特征,各个地区基本处于自给自足的状态,没有形成规模等级和产业功能的分异。随着城市化和工业化的推进,某个地方依托自身的自然地理优势或者受到外部的刺激而获得发展的动力,在集聚经济的作用下,通过循环累积的过程吸引周边的劳动、资本等生产要素在此集中,从而逐渐演变成为区域的中心城市和增长极,这打破了初始的低水平均衡状态,此时区域空间主要由单个相对强大的经济中心与落后的外围地区所组成。然而,单中心区域的规模并不会无限扩张:一方面,单一城市对经济活动的过度集聚也会带来负的外部性,产生拥挤效应,如地价上涨、交通拥堵、环境污染、生活费用和生产成本上升等,从而形成一种向外的推力;另一方面,城市化的深入也提高了外围地区的市场需求,原有中心区域的部分企业和经济部门为寻求发展可能会主动到周边地区建立新厂和分支机构,这又产生了一种拉力。

　　在两者的共同作用下,要素和产业会从中心城市沿着主要交通轴线向外围地区进行扩散,从而在其他地方产生新的经济中心,这些新经济中心与原来的经济中心在发展上和空间上相互联系、组合,形成一种多中心的空间体系,而同时每个经济中心又都会形成与其规模和功能相应的外围地区,这样区域中就出现了若干规模不等的"中心-外围"结构,形成多中心多外围的复合式空间结构,大、中、小城市在地理空间上聚集在一起,围绕不同产业或者同一产业的不同环节展开横向或纵向分工,并最终形成一个完善的由不同等级规模城市构成的城市体系。在上述过程中,人口和经济活动首先会从中心城区向城市郊区及周边毗邻区迁移并形成多个城市次中心,使得城市的空间范围不断扩展,逐渐向都市区演化,进一步地,若干个密切联系且空间分布紧密的都市区则构成了城市群(Gottmann,1957),因而城市群的出现会伴随着一种"城市-都市区-城市群"的空间体系。

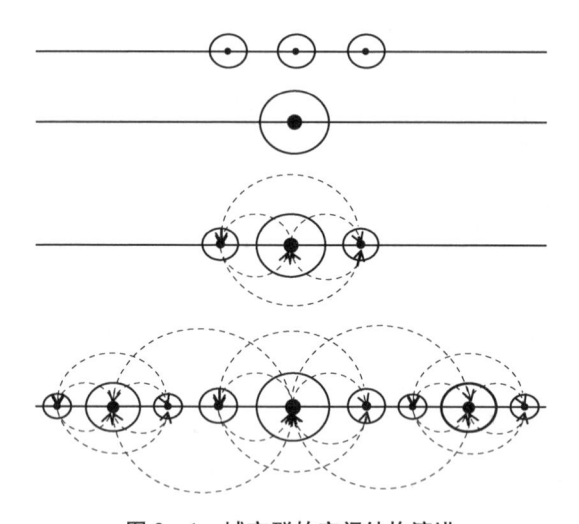

图 2-1 城市群的空间结构演进

对于城市群的形成和发展,集聚和扩散是最为重要的决定机制,两者相互作用导致了经济活动在空间上趋于相对均衡,而集聚和扩散的相对力量会受到经济全球化、技术创新、产业升级、交通发展等因素的影响,这些因素加速了产业分工和区域一体化的进程,使得地区间的交流日益频繁和复杂,对城市群的演进具有重要的推动作用。在全球化日益深入的背景下,城市间的联系不断增强,参与全球分工与竞争的空间单元已不再仅仅是全球城市,而是全球城市与周边区域共同形成的全球城市区域(周振华,2007),这是城市群发展的高级阶段;技术革新及由此带来的产业升级也是城市群发展的重要因素,随着信息化经济的发展,生产生活方式和社会组织结构都发生了巨大的变化,产品的分工和生产得以突破行政区的界限而在更大的范围内实现,区域内不同城市的功能也不断分化;此外,交通基础设施的发展则为城市群的形成提供了最为直接的动力和支撑,在降低要素和商品流通时间的同时扩大了其流动空间,从而促进了城市空间形态和区域城市体系的变化,也有利于城市之间形成广泛而密集的贸易流,使城市之间的交流合作逐渐常态化。

二、城市群发展的内在特征

作为城市化和工业化发展到高级阶段的一种空间组织形式,城市群的演进遵循着一定的市场规律,也会形成一定的特征。城市群的发育过程本质上就是城市体系不断进行完善和整合的过程,向心力和离心力共同作用下的要素集聚和扩散伴随着城市产业和职能的重新配置与分工,完整的城市体系会形成完整的产业体系,同时城市间贸易成本不断降低,推动区域建立统一的市场,产生大量的商品流和要素流。城市群不只是简单的城市的集合体,"群"的概念意味着城市群内部各个城市之间需要相互整合、相互协调,在高等级中心城市的辐射和带动作用下,各城市之间通过整合发展形成密切的经济联系和合理的产业分工,实现要素和资源在市场规律下的自由流动与优化配置。可以说,城市群的形成是建立在要素的高度集聚、交通的高度发达、产业的深度分工以及市场的深度扩张基础之上的(张学良,2013)。对于城市群的内在特征,我们可以从其所具有的产业属性和空间属性来进一步分析。

产业分工和专业化是现代化经济生产最为重要的特点,可以有效地提高资源配置效率和劳动熟练度,带来生产率的提升,基于此,传统的自给自足式的生产方式会向专业化分工转变,每个生产者都专注于某种商品的生产,同时作为消费者与其他生产者进行商品的交换。随着分工不断深化,为了节约商品交易的成本,经济主体会在特定的地点进行集中,这逐渐地就演化成了城市。但由于空间相对有限,城市规模的扩张也会带来地价上涨以及其他额外的拥挤成本,经济活动最终会分布在区域内的多个城市。当交通发展和市场的融合使得不同城市间的交易成本降低到一定程度时,产品的分工和交换也会相应地从城市内部扩展到城市之间,每个城市基于自身的禀赋特征专注于生产具有比较优势的产品。而伴随生产技术的进步和产业的不断升级,传统的产品的分工逐渐向产业链的功能分工转化,由于不同环节的生产属性不同,此时劳动分工在空间上的优化重构会形成不同规模等级城市间的功能分工(马燕坤,2016),公司总部、研发设计、金融法律、技术服务等相对知识密集型的生产性服务业部门能够承受较高的地租,会主要集中于中心城市,具有较高技术和资本密集度的先进制造业主要分布于大中城市,而一般制造业和零部件生产则分布于小城市(Duranton and Puga,2005;魏后凯,2007;赵勇和白永秀,2012)。除了不同能级城市间的这种垂直分工,处于相同规模等级的城市,在生产日益多样化和复杂化的背景下,仍然会形成差异化的水平分工,如长三角的上海和杭州在金融和信息产业上的错位。正是这种由垂直分工和水平分工相互交错形成的分工网络,构成了城市群基本的产业属性,也是推动城市群发展的内在驱动力。

城市群的发展是地理空间和经济空间的有机统一,经济活动的相互关联和相互作用最终会在空间上呈现出一定的分布形态和结构特征,这种空间属性是城市群最为直观的体现,也是决定城市群整体经济绩效的重要因素。基于上文中对演化规律的分析,城市群会形成包含"城市-都市区-城市群"空间的多中心多外围的复合网络式空间结构,实现大中小城市的有序结合,既要有特大城市作为中心城市来形成辐射力和影响力,也需要一定数量的大城市作为次级发展中心,同时要有足够的中小城市作为发展腹地,接受大城市的辐射,形成对大城市的补充。如果城市群的规模分布过多地集中在少数大城市,则会形成过度的虹吸效应,造成效率的损失;如果中小城市数量过多,大城市数量不足,则城市群也会因缺乏核心带动而失去发展动力。虽然也有规模的差异,但不同于中心地理论所指出的严格的等级限定、高等级城市承担所有功能,城市群中的不同规模城市都会基于自身发展的特征和属性参与到群内的分工体系中去,各自承担着不同的功能,在此基础上会形成一种网络化的联系,每个城市作为网络中的节点既接受其他城市的辐射,也会对其他城市产生影响,形成人流、物流、资本流以及信息流在各城市节点的频繁流返。

第二节 城市群集聚经济效应的理论分析

一、城市群集聚经济效应的形成和内涵

可以看出,城市群的发展反映了区域空间演进的客观规律,本质上回答了资源在空间中如何配置的问题。集聚是塑造经济地理的重要因素,经济活动在空间上并不是均匀分布,而是呈现出集聚的典型特征,进一步来说,资源在城市内部的配置和城市之间的配置也会产生不同的集聚经济。从城市向城市

群的演进，是经济集中化的产物，也是经济集中化的高度体现，相比单一城市的发展，集聚经济效应在城市群内会得到进一步的深化和拓展。

通过空间上的邻近，要素、商品和信息会具有更低的流动成本，经济主体可以享受到更多的中间投入品、更大的劳动力市场和需求市场，同时能够接触到更多的技术和信息，这种由产业上下游关联和技术知识溢出所带来的外部性能够促进经济绩效的提升。城市的出现和发展正是源于经济活动空间集聚所产生的正外部性，而基于自身的产业属性，集聚经济效应对城市来说会产生两类好处，即地方化经济与城市化经济，二者推动了专业化城市和综合性城市的形成。如果同一产业的集聚能够有效地提高企业的生产率、降低企业的成本，就会出现地方化经济，此时这种影响对于企业来说是外部化的，而对城市和产业而言是内部化的；当企业能够享受到城市总的规模而不是特定的产业所带来的好处时，就出现了城市化经济，这源于城市中不同产业形成的总的经济体量，同时这种外部性对于所有产业而言都会存在，并非只针对某一产业中的企业，城市化经济在企业和产业层面是外部化的，而对所在城市仍是内部化的。

无论是地方化经济还是城市化经济，都只侧重于分析城市内部的经济主体所获得的外部性，但是城市并不是孤立存在的，而与周围地区有着各种的联系，因此要理解集聚经济效应，也不应该仅仅限于单一城市视角，而应该从一组功能相关的城市出发。集聚经济的作用范围可能并不是完全局限于城市内部，而会扩展到其他城市，从而呈现出区域化的特征，城市能够享受彼此之间的集聚经济效应（Phelps et al.，2001；Parr，2002）。正如阿隆索（Alonso，1973）在提出"借用规模"时的分析，一个城市能够利用周边地区的规模经济而获得比孤立存在的同等规模城市更多的发展机会和更高的经济绩效，"借用规模"的这种思想也得到了相关学者的进一步完善和检验（Burger et al.，2015；Meijers and Burger，2017）。特别是当城市之间建立起了密切的交流和合作网络，"借用规模"的作用会更加显著，此时城市间会具有更低的交易成本和更强的知识溢出，有利于实现彼此集聚规模的共享，从而形成一种城市间的网络外部性，进一步强化集聚的作用（Capello，2000；Johansson and Quigley，2004；Camagni et al.，2015；Burger and Meijers，2016；魏守华等，2013）。

通过对其演进规律和内在特征的分析可知，城市群正是在一定空间内由不同规模等级的城市基于分工与协作形成的具有密切联系的一体化功能区域，体现了生产从企业聚集到产业聚集再到城市聚集的延伸，能够实现要素在更大范围城市体系内的集聚、流动与整合。基于其所具有的这种特征,城市群会更加有利于"借用规模"和网络外部性作用的发挥,集聚空间会从城市向城市群扩展。在此过程中,各个城市间的相互作用和联系会形成一种互为溢出的外部性,推动城市间集聚经济的共享,因而经济主体不仅会享受到本地区集聚的好处,还可以获得其他城市的市场和技术外部性,产生"1+1>2"的更强的集聚经济效应,获得更大的规模效益和分工收益,有利于促进生产效率的进一步提升。而这种由功能互补、联系密切的不同城市在空间上聚集和整合发展带来的好处,即是城市群集聚经济效应的主要内涵。对应于城市发展中由企业聚集和产业聚集形成的地方化经济和城市化经济,我们可以将由城市群实现的这种集聚经济效应称为"城市群经济"(李学鑫和苗长虹,2010;张学良和李培鑫,2014),其对群内的每个城市是外部化的,对城市群整体则是内部化的。

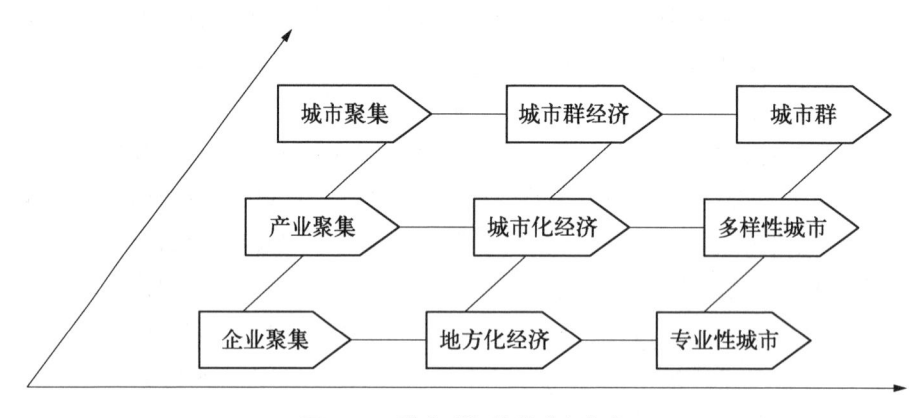

图 2-2 城市群经济的分析框架

二、城市群集聚经济效应的机制和路径

就城市群集聚经济效应的作用机制而言,在城市群内,向心力和离心力共同作用下的集聚和扩散伴随着群内城市间产业和职能的重新组合,有利于形成更加合理的分工,优化经济活动的空间布局,提高资源的配置效率。而建立在分工基础上的城市合作与联系又能够推动城市之间集聚经济的共享,一个城市的企业和劳动力不仅受到本地规模的影响,也会享受到由群内其他城市集聚规模带来的影响。通过更大范围内的产业间上下游关联,地区内的企业

可以享受更多的中间投入品和更大的市场需求,同时,这也会有利于提高企业与要素的匹配质量,并且推动生产基础设施和公共服务设施的共享,降低企业生产和交易成本。此外,城市群统一市场也有利于企业创新网络和社会交往网络的形成和发展,从而提高技术传播和知识溢出的强度。根据经济增长理论,生产效率的提升是推动地区增长最为重要的因素,城市群的集聚经济效应一方面可以提高现有资源的配置和利用效率,另一方面也可以通过知识的外溢和协同创新促进技术的进步,扩大产出增量,同时城市群的资源共享也有利于推动区域的协调发展和生态环境改善。城市群集聚经济效应的作用形式、机制和路径具体可能会体现在如下方面:

1. 城市群与产业联动升级。城市群的发展需要以城市体系的不断完善作为前提,不同规模的城市,往往也承担着不同的功能,依托这样的规模分布结构,城市群各个城市间能够形成合理的产业分工体系,这具有重要的经济意义。一方面,每个城市可以依托自身的禀赋发展自身的优势和特色产业,从而提高资源的配置和利用效率,避免产业同构和重复建设带来的资源浪费,同时产业专业化生产也有利于相关配套设施的共享和生产管理流程的完善。建立在分工基础上的产业关联效应是城市群集聚经济效应的另外一个重要方面。虽然在城市的空间尺度上具有产业分工的特征,但由于城市群理论上能够基于市场整合降低城市间的交易成本,使各城市总体上形成一个统一的市场,对每个地区的企业来说,仍然能够在城市群更大的空间范围内获得由产业上下游之间关联带来的好处,一个地区的企业发展不仅与本地区企业发生关联,还可以共享群内其他地区的中间投入品。事实上,产业专业化发展的地方化经济和产业多样化发展的城市化经济在城市群内并不矛盾,城市群的发展使得两者能够达到一种统一的关系,使企业享受到更大的规模经济效应。在分工与关联的基础上,城市群能够实现城市群产业升级和产业转移的良性循环,中心城市会不断升级自身的功能和产业,并向低等级的城市转移次一级的功能,带动中小城市的产业升级和发展。

2. 城市群与要素配置优化。城市群内在地要实现要素商品的自由流动,一方面需通过建立发达的交通网络降低产品的运输成本,另一方面则要通过市场整合降低城市间无形的交易成本。基于此,厂商的产品销售和业务开展不再限于所在地,而可以跨地区、跨城市来实现,从而享受到由城市群带来的更大的市场需求,实现产出和收入的增加。对于消费者来说,也能够以更低的价格消费更多的产品和服务,福利也会得到增加。城市群的市场扩张效应不仅体现在最终产品市场,也存在于资本和劳动力的要素市场。一方面,资本可以在更大的空间范围内流动以追求更高的收益和配置效率;另一方面,劳动力会有更多的机会寻找到与自身技能相符的工作,企业也能在更大的劳动力市场寻找到与目标工作要求相符的劳动力,从而使两者的匹配效率得到提高,一个重要的表现就是城市群内会存在较多的跨城市通勤人口。

3. 城市群与科技协同创新。城市群的整合发展能够推动城市之间创新网络的建立,有利于强化知识的溢出效应和技术外部性的作用。对于企业的发展来说,基于城市之间密切的关联与合作,一个地区企业的研发创新活动会对其他地区的企业产生一种正向的技术溢出效应,同时企业也能够更多地接受由高校及其他科研机构带来的知识溢出,通过接触这些前沿的技术,企业可以不断提升生产效率。此外,城市群的协同创新平台会为企业提供共享更多科技资源的机会,由此推动企业自身的创新活动。而在城市群内,企业也能够更加充分地了解市场的需求信息,以对产品和服务进行调整。对于劳动力的发展而言,城市群统一市场扩大了每个地区劳动力工作和交流的空间范围,形成了更大的社会交往网络,使得人们可以在与更加多样化的人群的交流中学习到更多的知识,获得更多的信息,从而提高自身的技能水平。这种知识技术和创新的外部性是推动城市群经济发展和效率提升的一项重要驱动力。

4. 城市群与多中心联动。根据城市群内不同规模城市的分布结构特征,城市群的集聚经济效应可以分为单中心集聚和多中心集聚等不同类型,对此也存在一定的对比和讨论(Meijers et al.,2010)。在城市体系中,不同规模的城市具有各自发展的特点。其中大城市集中了大量的高技能人才和高端产业,能够发挥经济增长极的作用,但同时经济活动在城市空间的过高密度集中也会带来拥挤、污染、高房价等负的外部性;对于小城市来说,其自身的吸引力有限,能级相对较低,但是仍有着较大的发展潜力和空间。事实上,城市群的发展内在地是各个城市都作为节点参与到分工网络中,并与其他城市形成相应的联系,依托于这种内在特征,城市群形成的集聚经济效应理论上也是来源于城市间的集聚和合作,在此过程中并不需要经济活动在某一个城市的过度集中,因而城市群能通过优化要素的空间配置来避免由单一城市过度集聚所产生的不经济。也正因为如此,集聚和扩散较为平衡的多中心城市群会更加有利于集聚经济效益的实现,而单中心集聚则可能造成虹吸效应大于外溢效应,形成一定的负外部性。

5. 城市群与区域协调发展。城市群的集聚经济效应是建立在群内不同能级的城市相互作用和联系的基础之上的,一定程度上,城市群集聚经济效应也是各个城市间互为补充、实现"双赢"乃至"多赢"的反映。通过城市群的发展,能够有效协调不同规模城市的发展特点,以彼此的优势弥补劣势,大城市可以通过中小城市来适当疏解产业和功能,优化自身的发展空间,推动产业升级,而中小城市也能够有效借助大城市的规模充分实现发展的潜力,比如中小城市的制造业企业可以利用大城市的研发、设计、金融、法律等生产性服务功能促进自身发展。公共服务设施的共享也是城市群所带来的一项重要好处。目前我国教育、医疗等公共服务资源的分布仍然存在较大不均衡,优质的资源主要集中在大城市,而通过城市群的发展,也可使周边地区更多地享受到这些资源,这种公共服务设施的共享一定程度上也是对城市群人力资本的一种投资。在此之外,城市之间消费设施、旅游设施的共享同样是城市群促进经济绩效和居民福利提升的重要途径。

6. 城市群与生态环境共建。环境污染具有显著的空间外部性,要实现环境的改善和污染的治理,不能仅仅依靠单一城市,也要从城市群出发,通过城市之间的协同治理来进行联防联治。提升资源环境承载力,也不能仅仅是城市资源环境承载力,而要扩展到城市群资源环境承载力(张学良和杨朝远,2014)。通过城市群发展做好生态协调,扩大环境容量生态空间,加强生态环境保护合作,着力推进绿色低碳发展的生态建设一体化。此外可以通过优化城市空间布局,合理确定城市边界,划定生态保护红线,提升资源环境承载能力。对不可分割的设施的共享是集聚经济效应的一项重要来源,在城市群内,依托城市之间形成的密切联系,一个地区的设施如特定机器设备、污染物处理设备等也可能被其他地区的企业所使用,总体上带来生产费用更大程度的降低。特别是有一些设施存在较高的需求门槛,只有城市达到一定的规模才能够建造,在此情况下中小城市也可以利用大城市的设施来推动自身的生产。

综合上述分析,城市群集聚经济效应的实现有利于推动城市群经济绩效的提升,这也是城市群发展优势的核心所在。对应于集聚空间的转变,区域高质量发展也会突破行政边界实现从城市向城市群的扩展和延伸,不仅是群内城市各自的发展转型,更为重要的是通过城市之间的一体化发展来更好地发挥城市群的集聚空间外部性,以此来推动供给侧改革,提高全要素生产率,并且促进生态环境的共同改善和公共服务的共享联动,从而释放城市群的高质量发展潜力,这也是推动城市群发展的内在逻辑。值得强调的是,城市群形成的这种集聚经济效应并不是在任意城市之间无条件地成立的。作为城市化发展到高级阶段的产物,城市群的形成和发育遵循着一定的规律,密度、距离和分割是塑造全球经济地理的三个主要因素,而高密度、短距离、低分割的城市体系正是城市群形成和发育的内在要求。基于此,城市群的集聚经济效应也需要建立在城市之间空间和功能整合的基础之上,达到一种密集分布和密切合作的状态(Meijers,2005;Van Oort et al.,2010)。一方面,城市之间的关联和溢出会以空间距离作为摩擦;另一方面,制度交易成本在城市群的发展中更加重要,特别是我国存在地方政府竞争和市场分割的背景下,如何降低地区间的行政壁垒和制度成本,这对实现城市群的集聚经济效应至关重要。

第三节 城市群集聚经济效应的模型解释[①]

城市群的发展具有其内在的空间和产业属性,体现了城市体系不断完善和整合的过程,向心力和离心力共同作用下的空间演进伴随着城市功能与产业的重新配置,城市间分工不断深化,同时区域统一市场逐渐建立,产生大量的商品流、要素流和技术流,形成密切的经济联系。因而城市群的发展能够实现要素在超越单个城市的城市体系内的集聚、流动与整合,形成更强的集聚经济效应,经济主体不仅会受到本地规模的影响,也会享受到由群内其他城市的共同集聚带来的外部经济效应,这既有利于提高资源配置效率,也会推动人力资本的积累和技术创新,从而带来生产效率的提升。基于此,单位投入会具有更高的边际产出,要素报酬也会相应地增加。对此本书拟构建一个理论模型框架来作进一步分析,在新经济地理学的框架体系下,参考奥塔维亚诺(Ottaviano,2007)的研究并对其进行扩展,结合内生增长理论和空间均衡理论的相关思想,同时考虑要素流动、产业上下游关联和技术溢出,在尽可能契合城市群发展内在特征的情况下,通过模型的均衡分析,从劳动力工资溢价的视角来阐释城市群所形成的这种集聚空间外部效应及其可能的作用机制。

一、模型的设定与推导

考虑一个城市群的两部门两要素模型,假设城市群由 S 个城市 $C_j = C_1$、

[①] 本节主要内容发表于《管理世界》2021年第11期。

C_2、……、C_S构成,每个地区具有不可贸易品A和可贸易品M两个生产部门,同时有土地和劳动投入要素。其中不可贸易品部门主要表示住房市场,市场价格用P_A来表示。此外,可贸易品部门M则具有垄断竞争和报酬递增的特征,供给不同的差异化产品。假设所有消费者都具有相同的偏好,效用函数为柯布道格拉斯函数的形式,用μ表示可贸易品的支出份额,则有:

$$U = M^\mu A^{1-\mu} \qquad (2-1)$$

可贸易品的消费集合是由连续空间上不同的产品消费所构成的函数,以不变替代弹性函数(CES)的形式给出:

$$M = \left[\int_0^n m(i)^\rho di\right]^{1/\rho}, 0 < \rho < 1 \qquad (2-2)$$

式2-2中$m(i)$表示每种可贸易品的消费量,n表示可获得的产品种类的范围,参数ρ表示消费者对可贸易品多样性的偏好程度,ρ越大,产品的替代性越强,令$\sigma = 1/(1-\rho)$表示任意两种产品之间的替代弹性($\sigma > 1$)。消费者在自身预算约束条件下追求效用最大化,要解决此问题,首先对可贸易品的选择进行分析,在给定消费组合M的情况下选择不同的消费$m(i)$,使得支出最小,由此求解可得每种可贸易品的消费和最小支出分别为:

$$m(i) = \frac{p(i)^{1/(\rho-1)}}{\left[\int_0^n p(i)^{\rho/(\rho-1)} di\right]^{1/\rho}} M \qquad (2-3)$$

$$\int_0^n p(i) m(i) dj = \left[\int_0^n p(i)^{\rho/(\rho-1)} di\right]^{(\rho-1)/\rho} M \qquad (2-4)$$

如果定义价格指数P_M为消费每单位可贸易品组合M的最小支出,则有:

$$P_M \equiv \left[\int_0^n p(i)^{\rho/(\rho-1)} di\right]^{(\rho-1)/\rho} = \left[\int_0^n p(i)^{1-\sigma} di\right]^{1/(1-\sigma)} \qquad (2-5)$$

进一步结合收入预算对住房和可贸易品的消费进行选择,最终可得到的表达式为:

$$A = (1-\mu) Y / P_A \qquad (2-6)$$

$$m(i) = \mu Y \frac{p(i)^{-\sigma}}{P_M^{-(\sigma-1)}}, i \in [0, n] \qquad (2-7)$$

根据模型表达式2-7，随着产品种类的增加，可贸易品的价格指数会随之下降，反映了消费者对消费多样化的偏好，同时产品之间替代弹性σ越小，价格指数下降的幅度就会越大。

本节的模型框架以城市群作为分析对象，可以将其看作由s个不同城市组成的连续空间。基于报酬递增的特征，每种可贸易品只在城市群内的一个城市中生产，同时每个城市也专业化生产特定的产品，用p_s表示城市s生产产品的出厂价或离岸价。由于不同的可贸易产品在不同的地区生产，城市群的各个地区之间会存在着一定的分工，在此基础上也必然会产生城市间产品的贸易，这里用冰山成本的形式来表示贸易过程中的交易成本。具体来讲，如果把1单位可贸易品从城市s运到城市t，那么只有其中的一部分$1/\tau_{st}$（$\tau_{st}>1$）能够达到，τ_{st}即反映了城市间的交易成本。因此，如果要使有1单位产品能运送到目的地，在生产地必须有τ_{st}单位的该产品，相应地，如果这种产品在生产地s的售价是p_s，那么其在消费地t的价格就是$p_s\tau_{st}$。

每个地区的产品生产不同，因此各个地区可贸易品的价格指数也都会有所区别，把城市t所消费的产品价格指数记为G_t来表示这种区别：

$$G_t = \left[\sum_{s=1}^{S} n_s (p_s \tau_{st})^{1-\sigma}\right]^{1/(1-\sigma)}, \ t=1,2,\cdots,S \quad (2-8)$$

结合式2-7，可求得地区t对城市s生产的可贸易产品的消费需求，而把该产品在不同城市的消费量相加，就可得到此种产品的城市群需求总量，如式2-9所示。

$$q_s = \mu \sum_{t=1}^{S} Y_t (p_s \tau_{st})^{-\sigma} G_t^{\sigma-1} \tau_{st} \quad (2-9)$$

进一步分析各部门的生产行为，不可贸易品部门即住房市场以土地作为主要的投入，为简化分析，假设边际产出为1，那么市场价格P_A就等于土地的租金r。对于可贸易品部门M，除了土地，还需要投入劳动力要素，本节假设城市群总的劳动要素为L，而且地区间可以流动，此外，可贸易品的生产也需要以各个城市生产的其他产品作为中间投入，这样就同时考虑了劳动力的流动性与产业垂直关联特征。基于此，城市s的生产成本函数可以表示为：

$$TC_s = G_s^{\alpha} r_s^{\beta} w_s^{\gamma} \frac{1}{\varphi_s} (F+q_s), \ \alpha,\beta,\gamma>0, \ \alpha+\beta+\gamma=1 \quad (2-10)$$

其中q_s表示总的产量，r_s和w_s分别表示土地租金和劳动力工资，G_s则反映了如式2-8所示的中间投入价格指数。另外F/φ_s和$1/\varphi_s$表示了产品生产的固定投入和边际投入，而这主要与技术水平相关，在本节的分析中，我们放弃了技术的外生性假设，参考内生增长理论的相关思想，技术水平与经济生产中劳动要素的交流和作用相关，这种交流不只是自身的劳动要素，而且在整个城市群体系中发挥作用，因而可以这样表示：

$$\varphi_s = \varphi_0 L_s^\omega L_{-s}^{\lambda\omega}, \ 0<\omega<1, \ 0<\lambda<1 \qquad (2-11)$$

这里φ_0为常数，L_s为城市s分布的劳动要素，L_{-s}为城市群其他城市的劳动要素，ω表示交流的有效程度，λ则表示城市间技术合作和知识溢出的摩擦强度。

可贸易品的生产存在垄断竞争的特征，因此厂商能够自主地定价，产品的需求弹性为σ，根据边际成本定价原则，在利润最大化下厂商的生产有：

$$p_s = \frac{\sigma}{\sigma-1} G_s^\alpha r_s^\beta w_s^\gamma \frac{1}{\varphi_0 L_s^\omega L_{-s}^{\lambda\omega}} \qquad (2-12)$$

另外，厂商可以在盈利或者亏损时自由进入或者退出，如果定价原则是给定的，那么均衡时厂商利润为零，而零利润条件意味着厂商存在均衡的产出。

$$q_s^* \equiv F(\sigma-1) \qquad (2-13)$$

进一步结合式2-9所示的需求函数，市场出清时城市s可贸易品厂商需要满足下列方程的条件：

$$F(\sigma-1)\left(\frac{\sigma-1}{\sigma} r_s^\beta w_s^\gamma \frac{1}{\varphi_0 L_s^\omega L_{-s}^{\lambda\omega}}\right)^\sigma = MA_s SA_s^{-\alpha\sigma} \qquad (2-14)$$

$$MA_s = \sum_{t=1}^{S} \mu Y_t \tau_{st}^{1-\sigma} G_t^{\sigma-1} \qquad (2-15)$$

$$SA_s = \left(\sum_{t=1}^{S} n_t p_t^{1-\sigma} \tau_{ts}^{1-\sigma}\right)^{1/(1-\sigma)} \qquad (2-16)$$

其中MA主要反映的是城市s中的企业作为供应商享受到的城市群市场需求规模，而SA则反映了城市s中的企业和个体作为需求方所面对的中间投入品和最终消费品供应的成本。

除了上述产品市场的均衡，还要考虑劳动力要素流动的均衡，根据空间一般均衡的相关理论，最后均衡时劳动力在不同地区应该具有同样的效用水平，

假设该保留效用为 V，那么均衡时会有如下的条件：

$$\frac{w_s}{SA_s^\mu r_s^{1-\mu}}=V \qquad (2-17)$$

最终该经济体系的要素报酬由式 2-14 和式 2-17 共同决定，劳动力的工资与土地地租在前者中是一种负向的关系，而在后者中则是一种正向的关系，因而可以通过图 2-3 来决定均衡时的要素报酬。

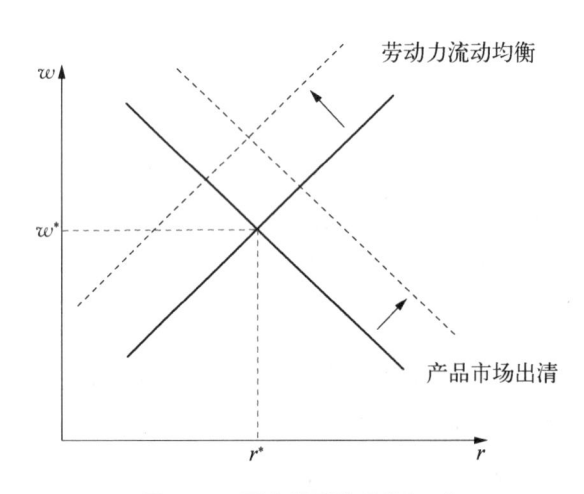

图 2-3 要素报酬的均衡识别

二、模型解释和机理分析

上述模型为分析城市群的集聚空间外部性提供了一个理论框架，模型中同时考虑了劳动力要素流动、产业上下游关联和技术的跨区溢出，在一定程度上反映了城市群形成和发育的内在特征。从模型中可以看出的是，城市群中的城市总是处于与其他城市的密切联系之中，无论是 MA 反映的下游需求，还是 SA 反映的上游供给，抑或技术知识的交流溢出，实际都体现了各个城市之间相互作用、互为溢出的一种关系。因而劳动力的工资报酬不仅与本地规模 L_s 相关，也会受到城市群整体集聚规模 L 的影响，随着 L 的增大，与其相对应的外部需求、外部供给以及技术知识的溢出都会有所增加，从而带来市场的扩张、成本的降低和效率的提升，使得均衡劳动力工资水平得到提高。

推论：城市群内不同规模和功能城市的共同聚集能够形成彼此间互为溢

出的空间外部经济效应,除了本地规模,城市群所形成的整体集聚规模也能够促进劳动工资报酬的提升。

在此基础上进一步分析,模型中一些主要参数的变动会通过式 2-14 和式 2-17 引起图 2-3 中相应的产品市场均衡和劳动力流动均衡曲线的移动,从而改变均衡的工资水平。而根据参数所代表的内在涵义及其所带来的这种比较均衡分析,同时结合相关的逻辑解释,我们可以对城市群所具有的集聚空间外部性的作用机制进行讨论,具体可以从以下方面展开:

1. 产业分工和关联效应。正如模型中强调的,资源和产业在城市群的多个城市中进行分工配置,而这种产业的专业化生产会有利于提高资源的配置和利用效率,同时有利于实现城市群产业升级和产业转移的良性循环。建立在分工基础上的产业关联也是促进城市群劳动工资提升的重要原因,对每个城市的企业来说,能够在城市群更大的空间范围内获得由产业上下游之间关联带来的好处。一个地区的企业发展不仅与本地区企业发生关联,还可以共享群内其他地区的中间投入品。厂商的产品销售和业务开展不再限于所在地,而可以跨地区、跨城市来实现,从而享受到由城市群带来的更大的市场需求,实现产出和收入的增加。此外城市群的关联效应也可能存在于要素市场,劳动力会有更多的机会寻找到与自身相符的工作,与企业的匹配效率会得到提高。基于模型分析,从均衡条件来看,其一定程度上反映分工效应的产品替代弹性 σ 越小,同时反映产业关联的城市外部需求 MA 越大和外部供给成本 SA 越小,产品市场出清曲线会大幅上移,从而提升均衡时的工资水平,即使成本降低可能造成劳动力流动均衡线下移,但当交易成本较低时,产品市场均衡线的移动最终仍会共同形成更高的均衡工资。

机制 1:城市群分工越深化,其集聚空间外部经济效应越强,会带来更高的劳动工资溢价,同时群内各个城市之间会形成产业的相互关联溢出作用。

2. 技术溢出效应。在模型中基于内生增长理论假设了通过交流溢出促进技术进步,从而带来边际投入的下降,而这种溢出不仅是在本地,而且会发生在城市群的空间范围内。通过城市之间协同创新网络的建立,能够强化知识的溢出效应和技术外部性的作用(Boix and Trullen,2007),一个地区企业的研发创新活动会对其他地区的企业产生一种正向的技术溢出效应,同时企业也能够更多地接受由高校及其他科研机构带来的知识溢出(叶静怡等,2016)。此外,企业也能够更加充分地了解市场的需求信息,以对产品和服务进行调整。对于劳动力而言,城市群也扩大了每个地区劳动力工作和交流的空间范围,形成了更大的社会交往网络,使得人们可以在与更加多样化人群的交流中学习到更多的知识,获得更多的信息,从而提高自身的技能水平。在模型中,无论本地规模 L_s 还是群内其他城市形成的外部规模 L_{-s},当存在更多的高技能劳动力时,相应的交流和知识技术溢出的有效程度 ω 会提升,根据式2-14,图2-3中产品市场均衡线会上移,带来更高的劳动工资报酬。

机制2:知识和技术的溢出不仅发生在本地,也会发生在群内各城市之间,城市群整体的高技能劳动力增加有利于提升溢出强度,提高劳动工资水平。

3. **市场一体效应**。模型中两个重要的外生参数是城市群各个城市之间产品市场的交易成本 τ 和技术外部性的摩擦成本 λ,上文分析一直提到,城市间交易成本的降低对于促进城市群集聚空间外部性的发挥具有至关重要的作用。只有交易成本处于较低水平时,城市群才能够形成统一市场,实现要素和产业的优化配置,同时强化各个城市间的产业上下游联系和技术知识的溢出,从而推动劳动工资报酬的进一步提升,而这也正是城市群形成和发育的内在要求。如式2-14所示,随着产品交易成本的降低即 τ 减小和技术溢出摩擦的降低即 λ 增大,城市群形成的市场外部性和技术外部性都会得到加强,产品市场均衡线上移,通过比较均衡分析可知,这会带来更高的劳动工资水平,进而城市群的集聚优势能够发挥更大的作用。值得一提的是,在我国交通网络日趋完善的背景下,无形的交易成本在城市群发展中的作用变得尤为关键,特别是考虑到地区间分割壁垒的存在,降低城市间无形的制度和文化交易成本具有重要的意义。

机制3:群内各个城市之间的交易成本越低,城市群整体形成的集聚经济外部性越强,所能够带来的工资溢价效应越大。

4. **拥挤缓解效应**。在形成更强的规模经济效应的同时,城市群也有利于缓解集聚带来的负外部性,对此正如一些学者所指出的,集聚经济可以扩展到更大的空间范围,而集聚不经济则往往是本地化的(Meijers and Burger,2010)。考虑到拥挤效应的发生是在较小的本地空间,而集聚经济可以在更大的城市群空间实现,因此对群内城市而言,其发展空间并不仅限于自身行政区域内,而可以基于整个城市群跨城市、跨地区来进行。基于本节的模型,在城市群的经济体系中,每个城市专注于特定产业的生产,多中心的发展会避免要素在某个城市的过度集中,在土地供给一定的情况下缓解城市的拥挤效应和经济效率的损失。事实上,城市群集聚空间外部性也是各个城市间互为补充实现"双赢"乃至"多赢"的反映,可以有效协调不同规模城市的发展特点,以彼此的优势弥补劣势,大城市可以通过中小城市来优化自身的发展空间,而中小城市也能够有效借助大城市的规模充分实现发展的潜力。

机制4:城市群的相对多中心发展能够缓解经济活动在单一城市过度集中的拥挤效应,同时有利于带动周边城市,带来更高的效率和工资水平提升。

本 章 小 结

在本章中主要从理论上论证了集聚经济从城市到城市群的空间扩展,对城市群集聚经济外部效应及其作用机制路径进行了分析。城市群的形成和发育伴随着区域空间从无序均衡到中心-外围再到多中心多外围复合网络式发展的过程,其中也相应地存在着城市间功能产业的垂直分工和水平分工的演进。通过在特定空间内由不同规模等级的城市在分工与协作基础上形成具有密切联系的一体化功能区域,城市群可以实现要素在超越单个城市的城市体系内的集聚、流动与整合,因而城市群整体上会具有更大的集聚规模,但也会避免经济活动在某一个城市的过度集中,这能够使城市群形成特定的发展优势。在城市群内,向心力和离心力共同作用下的集聚和扩散伴随着群内城市间产业和职能的重新组合,有利于形成更加合理的分工,优化经济活动的空间布局,提高资源的配置效率;而建立在分工基础上的合作与联系又能够通过"借用规模"和网络外部性等机制推动城市之间集聚经济效应的分享,在更大的范围内加强产业上下游间的联系、劳动力池的共享和知识技术的溢出,降低企业的生产和交易成本,推动人力资本的积累和技术创新,同时城市群的资源共享也有利于推动区域的协调发展;在获得更大的分工收益和规模效益的同时,城市群也能够缓解单一城市过度集聚所产生的拥堵等负的外部性。对此本章也通过构建一个考虑劳动力流动与产业上下游关联的模型进行了解释,经济主体不仅会受到本地规模的影响,也会享受到由群内其他城市的共同集聚所带来的好处,这会促进劳动工资报酬的增加,基于模型中一些主要参数及其变动带来的比较均衡分析,产业分工和关联、技术知识溢出、市场的一体发展和多中心带来的拥堵缓解是主要的作用机制,这为我们讨论城市群的集聚经济效应提供了一个框架。

在本章理论分析的基础上,后文也拟对本章主要观点和推论进行实证分析和检验。第三章通过估计劳动工资溢价对城市群的集聚经济外部效应及其作用机制进行了识别;在第四章则重点以长三角城市群为例,探讨了如何通过区域自发合作来降低制度交易成本,从而提高城市群的集聚经济效益。这也与本章的分析形成了一定的呼应。

第三章
城市群集聚空间外部性：
来自劳动力工资溢价的证据

城市群的发展体现了经济活动空间集聚的扩展与演进,要素能够在超越单一城市的城市体系内进行跨区域的流动和配置,通过群内各城市间的作用与关联,能够形成一种互为溢出的空间外部性,带来更强的集聚经济效应,促进经济效率的进一步提升和生产力的进一步释放。基于前面章节的理论分析,本章主要从劳动力工资溢价的视角对城市群集聚空间外部性进行实证检验。[①]

第一节 实 证 设 计

本书的研究重点关注城市群的形成和演化规律,在此基础上探讨集聚经济效应从城市到城市群的扩展和延伸,分析城市群所能够带来的生产率提升。根据前文的相关论述,作为城市化发展到高级阶段的产物,城市群是不同规模等级的城市在分工与协作基础上形成的具有密切联系的一体化功能区域,而基于其自身所具有的这种内在特征,城市群也成为分析"借用规模"和网络外部性最为合适的空间单元。通过群内各城市间的空间集聚和一体化发展,要素能够在超越单一城市的城市体系内进行跨区域的流动,实现更高水平的优化与整合。由此,城市群能够形成一种"1+1>2"的聚合效应,产生新的更强的集聚经济效应和正外部性,获得更大的分工收益和规模效益。

在本章中,我们通过估计劳动工资报酬集聚溢价来对城市群形成的这种经济外部性进行实证上的检验。一方面,前文的理论模型框架对城市群集聚经济效应与劳动工资报酬增加的关系进行了阐述,基于集聚空间外部性所带来的效率提升,具有同样特征的劳动力会具有更高的边际产出,相应地,要素报酬也会增加。另一方面,相较于采用加总的数据,采用微观的劳动力数据进行分析能够更好地控制地区间劳动力的特征差异,从而会更加准确地识别集聚经济的净效应。随着劳动力微观数据可得性的增加,对城市工资溢价的估计也逐渐兴起(Glaeser and Maré,2001;Combes et al.,2008;孟美侠等,2019),而在已有研究的基础上,本书创新性地将集聚经济的分析空间从单一城市扩展到城市群,随着城市群的形成和演进,劳动力的工资报酬不仅受到所在城市自身规模的影响,也会受到群内其他城市的规模的影响,这种影响反映

[①] 本章主要内容发表于《管理世界》2021年第11期。

了城市群整体发展所形成的外部性，可以识别城市群的集聚经济效应。

一、实证模型设定

明瑟（Mincer）方程是劳动力个人层面收入决定的基本模型，通过对其进行扩展可以来估计城市群集聚作用对劳动力收入的影响，实证模型构造如下式所示：

$$\ln W_{ij} = \beta_0 + \beta_1 \ln size\_citycluster_j + \beta_2 \ln size_j + X'_i \delta + Y'_j \gamma + \mu_t + \varepsilon_i \qquad (3-1)$$

其中 i 表示劳动力个体，j 表示该劳动力所在城市，这里我们将研究的基本空间单元设定为县级层面，包括地级市市辖区、县级市和县城。这是因为一方面，基于更细的空间尺度所得到的结果会更加准确；另一方面，随着我国城市化程度的不断提高，县域经济的发展十分迅速，在经济活动和居民生活方面也已基本具备了城市的发展特征，特别是城市群地区，这会更加明显。从主要理论分析假说出发，模型中被解释变量 $\ln W_{ij}$ 为劳动力小时工资的对数，对于解释变量，在控制了城市本地规模 $\ln size_j$ 的基础上，我们更加关注由城市所在城市群形成的整体外部集聚规模 $\ln size\_citycluster_j$，系数 β_1 则反映了劳动力收入的城市群规模弹性，如果 β_1 为正，本书的主要观点能够得以验证，在给定其他变量的情况下，城市群整体的发展会形成更强的集聚空间外部经济效应，从而带来生产率的提升，相应地使劳动力获得更高的收入。至于模型的其他控制变量，X_i 表示劳动力个人层面的相关特征，包括性别、婚姻状况、政治面貌、受教育程度、是否具有本地户籍、工作经验、工作任期、工作职务、所在行业等变量，Y_j 则表示其他地区特征变量，参考相关文献，资本形成、政府干预、金融发展、交通基础设施、地理区位等都会影响劳动的产出效率和收入水平，因此我们控制了上述相关变量。此外模型中还控制了时间虚拟变量 μ_t，ε_i 是模型的随机扰动项。

二、数据和样本

本章实证分析所使用的劳动力微观数据来自中国家庭金融调查（CHFS）2011 和 2013 年的数据，该项目收集了家庭的资产与负债、收入与支出、保险与保障、人口特征及就业等各方面的信息。合并之后将样本限定在16—65岁的男性和16—60岁的女性,剔除工资为零以及相关变量存在缺失值的个体,同时为避免异常值带来的偏误,还剔除了年工作时间不足1个月、日工作时间不足1小时以及小时工资前0.5%和后0.5%分位数的个体。在此基础上,由于本章主要考察城市群所形成的空间外部经济效应,因此我们进一步筛选了城市群样本。最终得到的分析有效样本为10 877个,分布在19个城市群的144个县市单元。[①] 地区层面相关数据主要来自《中国统计年鉴》《中国城市统计年鉴》《中国县市社会经济统计年鉴》和对应每个省份的统计年鉴。

三、变量构造和说明

由于集聚经济的存在,规模的增加会提高劳动生产率和边际产出,并进一步地反映在劳动力的工资水平上,因此这里主要采用劳动力小时工资收入作为被解释变量,并对其取对数。小时工资收入等于个人年度收入除以年度工作小时数,个人年度收入由调查数据中个人年度税后货币工资、税后奖金收入、税后补贴收入或实务收入加总得到,年度工作小时数由调查数据中的年度工作月数、每月工作周数、每周工作天数和每天工作小时数相乘得到。另外,为了剔除不同年份价格因素的影响,我们也对劳动力收入进行了平减。

这里的实证分析旨在检验城市群内各城市共同集聚形成的空间外部性,因此在控制了城市本地规模的情况下,本章的核心解释变量为其所在城市群的外部集聚规模,可以将其理解为由城市群内的其他城市形成的规模加总,考虑到相互作用随距离的衰减性,这种加总以城市间距离的倒数作为权重,变量构造如式3-2所示。

$$size\_citycluster_j = \sum_{k \in citycluster_j, k \neq j} \frac{size_k}{d_{kj}} \quad (3-2)$$

对每个劳动力个体所在的城市单元j,用$citycluster_j$表示其所在城市群,

[①] 其中东部、中部和西部地区的比例为41∶32∶27,覆盖了除天山北坡外的其他所有城市群,从每个样本县市中抽取的住户数量与该地区的人口规模成比例,中心城市与非中心城市的样本占比分别为52.75%和47.25%,数据也不存在样本过度集中在部分县市的情况。

主要解释变量 $size\_citycluster_j$ 为其享受到的城市群集聚规模。式中 k 表示群内的其他城市，$size_k$ 为其对应的规模，d_{kj} 则表示两个城市间的距离。这里的规模用人口来表示，而在人口跨区域流动大量存在的背景下，常住人口相比户籍人口能够更加准确地反映实际的规模水平，另外考虑到本章旨在考察城市群的经济效应，从前面的理论分析也可以看出，这主要会作用于非农经济活动中，因此我们同时采用了常住总人口和常住城镇人口，数据来源于人口普查。这里对城市群和城市本地的规模变量也都进行了对数化处理。

在模型中我们控制了劳动力的个人特征，其中性别、婚姻状况、政治面貌和户籍等特征用虚拟变量来表示，值为 1 分别代表是男性、已婚、中共党员和非本地户籍人口，同时计算了劳动力的年龄并加入了其平方项。此外还构造了初中、高中、大学和研究生虚拟变量来度量劳动力的受教育程度，对照组为初中以下学历和文盲人口。对于劳动力的工作特征，我们统计了劳动力在目前所在工作单位的工作任期，构造了反映是否担任领导职务的虚拟变量。另外也控制了劳动力所在行业的影响，尽可能详细地对行业部门进行分类。但引入过多的虚拟变量也会对匹配估计造成偏误，因此这里参考于斌斌和金刚（2014）的研究，将行业分为五类，以农业作为基准组，构造了工业、生产性服务业、消费性服务业和社会性服务业四类虚拟变量，其中生产性服务业包括信息传输计算机服务和软件业、金融业、房地产业、租赁和商业服务业、科学研究技术服务业和地质勘查业 5 个行业，消费性服务业包括交通运输仓储及邮政业、批发和零售业、住宿餐饮业、居民服务和其他服务业 4 个行业，社会性服务业包括水利环境和公共设施管理业、教育、卫生社会保障和社会福利业、文化体育和娱乐业、公共管理和社会组织、国际部门 6 个行业。

对于城市层面的其他控制变量，基于现有文献进行如下设置：（1）政府财政支出，政府在我国的经济发展中起着十分重要的作用，这里我们采用政府财政支出占地区生产总值的比重来度量政府干预对经济发展和劳动收入的影响；（2）固定资产投资，这里我们用固定资产投资占地区生产总值的比重来表示资本的形成；（3）金融发展水平，地区的金融发展对经济活动具有一定的支撑作用，用金融机构贷款额与地区总值的比值来反映；（4）交通基础设施，完善的交通网络可以提高空间可达性，优化资源的配置效率，本章用人均城市道路面积来控制其影响。此外我们还根据各地区地理位置构造了东部地区虚拟变量,如果是,则为1。

各个变量的描述性统计特征如表3-1所示。基于样本的统计,男性的比重为60%,高于女性比重,90%都是已婚,具有党员身份的有21%,不具有本地户籍的外来流动人口比重为15%,平均年龄约为41岁。在样本中,拥有初中学历的人员比重为36.3%,高中学历的为24.2%,大学学历的为34.9%,研究生学历的为3%,此外有2%的文盲人口。在工作中,拥有领导职务的人员所占比重约为20%,另外在当前单位的平均工作时间约为11年。关于劳动力在不同行业的分布,从事工业的人员最多,占比例为34.2%,此外生产性服务业的人员比重为13.8%,消费性服务业的人员比重为27.7%,社会性服务业的人员比重为21.5%,还有约3%的人员从事农业。从本章的被解释变量来看,劳动力的平均小时工资约为23.38元。

表3-1 变量描述性特征

变量	变量说明	观察数	均值	标准差	最小值	最大值
小时工资	劳动力每小时的工资收入	10 877	23.384	31.960	3.571	515.63
性别	1代表男性,否则为0	10 877	0.596	0.491	0	1
婚姻状况	1代表已婚,否则为0	10 877	0.905	0.293	0	1
政治面貌	1为中共党员,否则为0	10 877	0.209	0.407	0	1
本地户籍	1代表非本地户籍,否则为0	10 877	0.150	0.357	0	1
年龄	调查年份减去出生年份	10 877	41.102	9.631	17	65
初中	1代表文化程度为初中,否则为0	10 877	0.363	0.481	0	1
高中	1代表文化程度为高中,否则为0	10 877	0.242	0.428	0	1
大学	1代表文化程度为大学,否则为0	10 877	0.349	0.477	0	1
研究生	1代表文化程度为硕士或博士,否则为0	10 877	0.030	0.172	0	1
工作任期	当前单位的工作时间	10 877	10.944	9.851	1	50

续 表

变 量	变量说明	观察数	均值	标准差	最小值	最大值
工作职务	1代表有领导职务,0为普通职工	10 877	0.204	0.403	0	1
工业	1代表从事工业,否则为0	10 877	0.342	0.474	0	1
生产性服务业	1代表从事生产性服务业,否则为0	10 877	0.138	0.345	0	1
消费性服务业	1代表从事消费性服务业,否则为0	10 877	0.277	0.448	0	1
社会性服务业	1代表从事社会性服务业,否则为0	10 877	0.215	0.411	0	1
城市群集聚规模$_1$	群内其他城市的距离加权总规模(常住总人口)	144	43.338	26.255	4.113	129.14
城市群集聚规模$_2$	群内其他城市的距离加权总规模(常住城镇人口)	144	24.433	17.788	2.038	89.842
城市本地规模$_1$	所在城市规模(常住总人口)	144	208.67	329.55	20.681	2 231.55
城市本地规模$_2$	所在城市规模(常住城镇人口)	144	157.24	292.45	2.567	2 021.78
政府财政支出	财政支出占地区生产总值比重	144	0.405	0.343	0.047	1.947
固定资产投资	固定资产投资占地区生产总值比重	144	0.505	0.275	0.069	1.496
金融发展水平	金融机构贷款额占地区生产总值比重	144	0.662	0.368	0.149	2.421
人均道路面积	人均铺装道路面积(平方米)	144	13.488	6.234	2.10	37.03
东部虚拟变量	1为该地区属于东部,否则为0	144	0.410	0.493	0	1

第二节 实证结果分析

一、基础估计结果

根据前文的分析,这里基于式 3-1 的计量模型对城市群的集聚空间外部经济效应进行实证检验,分析城市群形成的整体集聚规模是否会带来劳动力的工资溢价。表 3-2 显示了模型的 OLS 估计结果。在列(1)和(2)中我们以总的常住人口作为规模的表征,并依次控制了劳动力的特征变量和地区层面的其他禀赋特征变量,可以发现,城市规模和城市群集聚规模的系数都一直显著为正。由于劳动力工资和规模变量都进行了对数化处理,模型中的估计系数反映了劳动力收入提升相对于规模扩张的弹性,根据列(2)中完备模型的估计结果,城市本地规模的系数值为 0.095,城市群集聚规模的系数值为 0.067,且都在 5% 的水平下显著,基于此,除了受到所在城市自身规模的影响,所在城市群形成的外部集聚规模扩大一倍,劳动力的收入也会提高 6.7%。对比已有文献对工资规模弹性系数的估计,系数估计值与之相比没有太大的差异,也在一定程度上表明了本章实证研究的合理性和科学性。

表 3-2 城市群集聚工资溢价基础估计结果

	被解释变量:劳动力小时收入的对数			
	规模变量:总的常住人口		规模变量:城镇常住人口	
	(1)	(2)	(3)	(4)
城市群集聚规模	0.114*** (0.028)	0.067** (0.031)	0.126*** (0.023)	0.080*** (0.025)
城市本地规模	0.099*** (0.017)	0.095*** (0.018)	0.078*** (0.012)	0.086*** (0.014)
劳动力个人特征:				
性别	0.223*** (0.015)	0.224*** (0.015)	0.228*** (0.015)	0.227*** (0.016)

续　表

	被解释变量：劳动力小时收入的对数			
	规模变量：总的常住人口		规模变量：城镇常住人口	
	(1)	(2)	(3)	(4)
婚姻状况	−0.028 (0.025)	−0.037 (0.025)	−0.029 (0.025)	−0.034 (0.025)
政治面貌	0.015 (0.023)	0.008 (0.020)	0.016 (0.023)	0.010 (0.020)
本地户籍	0.063* (0.036)	0.050* (0.031)	0.061* (0.037)	0.047 (0.034)
年龄	0.018** (0.008)	0.016** (0.007)	0.018** (0.007)	0.016** (0.007)
年龄平方项	−0.0004*** (0.0001)	−0.0004*** (0.0001)	−0.0004*** (0.0001)	−0.0004*** (0.0001)
初中	0.072 (0.052)	0.098* (0.050)	0.067 (0.052)	0.089* (0.050)
高中	0.262*** (0.051)	0.293*** (0.053)	0.257*** (0.054)	0.281*** (0.052)
大学	0.739*** (0.066)	0.760*** (0.063)	0.734*** (0.066)	0.750*** (0.063)
研究生	1.274*** (0.076)	1.277*** (0.070)	1.272*** (0.076)	1.270*** (0.071)
工作任期	0.010*** (0.001)	0.011*** (0.001)	0.010*** (0.001)	0.011*** (0.001)
工作职务	0.321*** (0.031)	0.317*** (0.028)	0.318*** (0.030)	0.315*** (0.028)
工业	0.182*** (0.050)	0.196*** (0.049)	0.171*** (0.048)	0.189*** (0.048)

续表

	被解释变量：劳动力小时收入的对数			
	规模变量：总的常住人口		规模变量：城镇常住人口	
	(1)	(2)	(3)	(4)
生产性服务业	0.295*** (0.046)	0.304*** (0.045)	0.288*** (0.045)	0.297*** (0.045)
消费性服务业	0.002 (0.048)	0.024 (0.049)	−0.003 (0.047)	0.017 (0.049)
社会性服务业	0.110** (0.044)	0.127*** (0.045)	0.108** (0.044)	0.123*** (0.045)
其他地区特征：				
政府财政支出		0.032 (0.066)		0.076 (0.061)
固定资产投资		−0.336*** (0.094)		−0.337*** (0.094)
金融发展水平		0.133*** (0.046)		0.119*** (0.045)
人均道路面积		0.010* (0.006)		0.009* (0.005)
东部虚拟变量	不控制	控制	不控制	控制
时间虚拟变量	控制	控制	控制	控制
样本量	10 877	10 877	10 877	10 877
R^2	0.373	0.387	0.378	0.389
F统计量	188.55	188.23	188.19	179.51

注：系数下方括号内数值为聚类到城市层面的稳健标准差，*表示在10%显著性水平下显著，**表示在5%显著性水平下显著，***表示在1%显著性水平下显著。以下各表同。

本章的实证结果验证了我们的主要观点，城市群的发展能够形成更强的集聚外部经济效应,带来劳动生产率的提升,形成一种城市群工资溢价。随着城市群的形成和发育,集聚的空间范围也从单一城市向城市群扩展,通过要素在整个城市体系内的集聚、流动与整合,城市群能够更好地实现功能和产业的分工,提高资源的配置效率,同时可以更好地发挥城市之间"借用规模"和网络外部性的作用,促进城市间的产业上下游联系与知识的溢出,从而降低企业生产和交易成本,并推动创新和技术进步。在城市群内,集聚经济的作用不只局限于单一城市,经济主体也能够享受各个城市彼此之间集聚所带来的好处,获得更大的分工收益和规模收益,而在强化集聚正外部性的同时,城市群也可以弱化要素在单一城市过度集聚所产生的负外部性。基于城市群所带来的这种集聚经济效益,劳动力相应也会具有更高的边际产出和收入水平。

由于总人口中也包括了以从事农业为主的农村人口,而城市群集聚空间外部性更主要的是以城镇人口为主,这也反映在非农经济活动中,因此在表3-2的列(3)和(4)中,我们也以常住城镇人口作为规模表征进行了估计,结果显示城市群集聚规模的系数在1%的水平下显著为正,本章的结论仍然成立。基于列(4),此时劳动力工资溢价的规模弹性系数值为0.080,大于以常住总人口估计时的0.067,城市群内城镇人口和非农经济活动的集聚经济作用更加明显。

关于其他控制变量的系数,男性的工资收入水平要显著高于女性,已婚的群体收入相对较低,具有党员身份对收入的影响则为正,但两者作用都并不十分显著。此外,本地户籍虚拟变量的系数显著为正,相对于本地劳动力,不具有本地户籍的外来劳动力的收入水平要更高,基于空间一般均衡理论,在不能充分享受当地的公共服务和设施的情况下,劳动力流入此地更大程度上会是追求更高的收入。关于劳动力年龄变量,一次项的系数为正,二次项的系数为负,存在一种倒U形的影响,这也与现有相关研究的结果一致,随着年龄的增长,一方面劳动力会积累更多的经验,另一方面年龄过大也会影响其工作精力和效率。劳动力受教育程度的变量也都较为显著,学历水平越高,相应也会具有更高的收入。劳动力工作特征的系数也都比较符合现实,随着在现有单位任期的增加,其收入也会逐渐提高,而相比一般的职工,具有领导职务的群体会有更高的收入。比较不同行业的收入水平,生产性服务业由于具有较高的知识密集度和附加值,是工资水平最高的行业,工业和社会性服务业的收入相对次之,而以劳动密集型为主的消费性服务业的收入水平则较低。另外,地区层面的其他禀赋特征也会对劳动力收入产生一定影响,财政支出的系数为正值但并不十分显著,政府在经济发展中的作用有待进一步加强,金融发展水平和人均道路面积变量的系数则都显著为正,显示了二者对经济活动所起到的支撑作用,在模型中并没有发现固定资产投资对收入的提升效应,过多地依赖投资可能也会降低城市的创新动力和生产活力。

在表3-3中,我们通过把城市群所形成的集聚规模进行分解来进一步对模型进行检验。首先将其分为由中心城市和非中心城市形成的空间外部经济效应,结果如列(1)—(4)所示。可以发现两者对劳动力收入都有显著为正的影响,分别基于常住总人口和城镇人口进行估计,前者的弹性系数为0.039和0.044,后者的弹性系数为0.056和0.070。一方面,城市群的发展需要有中心城市作为依托,基于自身具有的规模和能级,中心城市能够发挥显著的辐射和带动作用;另一方面,不同于传统的中心地理论提到的等级严明的城市体系,城市群的发展更加具有网络化的特征,即使是非中心城市,也会通过参与城市群的分工与协作成为网络上的节点,既接受其他城市的辐射,也会对其他城市产生影响(Burger and Meijers,2016)。表中列(5)—(8)显示了按空间距离对城市群规模进行分解的结果,对于每个城市,识别出其所在城市群内距其300千米内和300千米外的城市,分别计算这些城市形成的集聚规模并对系数进行估计。可以看出,分解后的两类城市群规模变量的系数也仍然都是正值,但比较而言,城市群内距自身300千米内的城市所带来的集聚效益更为明显,300千米以外城市的影响则相对较小。城市群存在一个相对合理的空间范围,需要遵循一定的市场规律,并不能盲目地扩张,否则会失去应有的外部经济效应。

二、稳健性检验

(一) 工具变量回归

当通过估计规模的工资溢价对集聚经济效应进行检验时,可能会存在来自两个方面的内生性偏误,即劳动力数量的内生性和劳动力质量的内生性(Combes et al.,2011),前者主要是指存在互为因果的偏误,规模扩大产生的集聚经济效应能够提高劳动力的工资,而收入的提高也会吸引更多的人口在此集聚,后者则主要指存在劳动力的群聚效应,即不同规模地区的劳动力分布特征也会存在差异,高素质的劳动力更加偏好于集聚水平高的地区。对于第一种偏误,采用较多的处理方法是以规模变量的滞后期作为工

表 3-3 城市群集聚工资溢价的分解估计

	按中心与非中心城市分解				按空间距离分解			
	总的常住人口		城镇常住人口		总的常住人口		城镇常住人口	
	(1)	(2)	(3)	(4)	(5)	(6)	(7)	(8)
城市群集聚规模（中心城市）	0.039** (0.019)		0.044** (0.020)					
城市群集聚规模（非中心城市）		0.056* (0.033)		0.070*** (0.026)				
城市群集聚规模（<300千米）					0.062** (0.031)		0.076*** (0.025)	
城市群集聚规模（>300千米）						0.008 (0.024)		0.018 (0.027)
城市本地规模	0.106*** (0.018)	0.095*** (0.018)	0.097*** (0.015)	0.082*** (0.015)	0.096*** (0.018)	0.101*** (0.019)	0.085*** (0.014)	0.092*** (0.015)
劳动力个人特征	控制	控制	控制	控制	控制	控制	控制	控制
其他地区特征	控制	控制	控制	控制	控制	控制	控制	控制
时间虚拟变量	控制	控制	控制	控制	控制	控制	控制	控制
样本量	10877	10877	10877	10877	10877	10877	10877	10877
R^2	0.387	0.387	0.388	0.388	0.387	0.386	0.389	0.387
F统计量	194.88	186.40	185.58	175.67	189.32	194.35	179.48	181.40

具变量进行检验,这里我们以 2000 年人口普查的数据作为工具变量进行了估计,同时参考高虹(2014)、王建国和李实(2015)的研究思路,也构造了 1982—2000 年的人口增长作为工具变量,这段时期的人口迁移和布局对后期的人口空间分布具有重要影响,但并不会与后期的收入存在明显的相关关系。表 3-4 的列(1)和(2)显示了相应的工具变量两阶段最小二乘估计的结果。

表 3-4 工具变量估计结果

	工具变量两阶段最小二乘估计(IV-2SLS)		
	2000 年人口	1982—2000 年人口增长	城市层面估计
	(1)	(2)	(3)
第一阶段估计:	0.986*** (0.001)	0.025*** (0.001)	0.031*** (0.003)
第二阶段估计:			
城市群集聚规模	0.057*** (0.014)	0.102*** (0.024)	0.077* (0.044)
城市本地规模	0.091*** (0.007)	0.114*** (0.008)	0.103*** (0.025)
劳动力个人特征	控制	控制	—
其他地区特征	控制	控制	控制
时间虚拟变量	控制	控制	控制
样本量	10 877	10 877	191
R^2	0.387	0.386	0.318

首先看第一阶段的估计结果,工具变量的系数都十分显著,另外弱工具变量的 Cragg-Donald Wald F 检验也都在 1% 的显著性水平下拒绝了原假设,因此这里工具变量是有效的,不存在弱工具变量的问题,早期的人口流入和聚集地也是后来人口主要分布的地区。从第二阶段的估计结果来看,采用工具变量控制内生性并没有改变本章的主要结果,城市群整体集聚规模对劳动力工

资水平仍然具有显著的正向影响,因而本书的主要结论是稳健的,城市群的形成和发育能够产生更大的集聚外部经济效益,有利于提高产出效率,带来劳动力工资的溢价。另外在列(3)中,我们直接从剔除了劳动力特征的城市层面进行了工具变量的估计,主要结果也仍成立。

(二) 考虑劳动力个体特质异质性

上文的工具变量估计可以在一定程度上解决由劳动力数量的内生性即互为因果带来的偏误,但我们仍然需要考虑劳动力质量的内生性即群聚效应的影响。在通过估计工资溢价识别城市的集聚经济效应时,学者提到了高素质的劳动力可能会在大城市群聚的现象(Glaeser and Maré, 2001; Combes et al., 2008),这可能会造成对集聚效应的高估。劳动力的流动受到技能水平的影响,根据空间一般均衡模型,工资水平、居住成本和城市便利性是影响劳动力流动的主要因素,大城市良好的生活设施、消费的多样性和知识外部性可能对技能水平较高的劳动力具有更大的吸引力,此外对劳动力技能水平要求较高的行业更多地选址在大城市,也会影响劳动力的位置选择。劳动力的这种群聚效应不仅会存在于不同规模的城市,也可能会发生在城市群的选择中,正如研究所提到的,城市群会提供一个更大的生产和生活网络(Portnov and Schwartz, 2009),因此经济主体在选择目标城市时,首先会先选择其所在的城市群,因而城市群也可能会产生群聚效应。考虑到这种劳动力特征分布的地区差异,本书中尽可能地控制了劳动力可观测的个人和就业特征,但是仍可能会存在根据其他比如先天能力和进取心等个体异质性特质进行选择的情况。对此我们拟通过引入代理变量进行估计,一般来说,家庭环境对于个人的成长具有重要的影响,父母是个人能力的重要决定因素(Card, 1999;李春玲, 2003;李宏斌等,2012),因此本书采用父母的受教育程度和工作职务来代理劳动力个体异质性特征①。父母的教育程度用父母平均受教育年限来度量,工作职务用表示父母是否为领导的虚拟变量来度量。表3-5中列(1)和(2)分别显示了基于常住总人口和城镇人口的估计结果,列(3)和(4)则是采用工具变量的2SLS估计结果。可以看出,父母的受教育程度和工作职务作为个体特质的代理变量,对劳动力工资具有正向的影响。而当控制了这两个变量,城市群集聚规模的系数也仍然是显著为正,结果仍支持本章的观点。即使考虑

---

① 由于中国家庭金融调查数据只提供了户主的父母信息,这里只采用户主的样本来分析。

了劳动力的特质异质性,城市群规模仍会带来显著的工资溢价,而这主要源于城市群发展所形成的集聚空间外部性。

表3-5 考虑劳动力个体特质异质性的估计结果

	考虑劳动力特质异质性(代理变量)			
	总的常住人口	城镇常住人口	IV：2000年总人口	IV：1982—2000人口增长
	(1)	(2)	(3)	(4)
城市群集聚规模	0.054* (0.035)	0.067** (0.030)	0.046** (0.020)	0.099*** (0.032)
城市本地规模	0.114*** (0.019)	0.105*** (0.016)	0.106*** (0.010)	0.135*** (0.012)
父母受教育年限	0.004** (0.002)	0.004** (0.002)	0.004** (0.002)	0.004** (0.002)
父母是否有领导职务	0.101*** (0.030)	0.102*** (0.030)	0.101*** (0.033)	0.103*** (0.033)
其他个人特征	控制	控制	控制	控制
其他地区特征	控制	控制	控制	控制
时间虚拟变量	控制	控制	控制	控制
样本量	5 634	5 634	5 634	5 634
R^2	0.365	0.367	0.365	0.363
F统计量	158.05	163.69	139.97	143.29

(三) 调整被解释变量的估计

本章的实证分析主要采用劳动力的小时收入作为被解释变量,以此可以反映边际产出和生产效率,而同时这也可能更多代表了集聚经济带来的对劳动力技能水平的改善,不考虑工作时间或许本身就已经剔除掉了城市群的部分影响。对此,这里也分别以劳动力的月收入和日收入作为被解释变量来进行实证检验,结果如表3-6所示。变换被解释变量,估计结果也并没有明显的变化,更加说明了本章结论的稳健性,城市群发展能够形成更大的集聚经济效益,从而提高劳动力的边际产出和生产效率,一个主要的表现就是会带来显著的收入溢价,这既体现在小时收入上,也体现在日收入和月收入上。而对比弹性系数值,基本也较为相似,在一定程度上也能够表明工作时间没有受到较大的影响。

表3-6 调整被解释变量的估计结果

	劳动力月收入的对数		劳动力日收入的对数	
	总的常住人口	城镇常住人口	总的常住人口	城镇常住人口
	(1)	(2)	(3)	(4)
城市群集聚规模	0.049*** (0.013)	0.079*** (0.011)	0.058*** (0.014)	0.087*** (0.012)
城市本地规模	0.068*** (0.006)	0.054*** (0.005)	0.088*** (0.006)	0.070*** (0.005)
劳动力个人特征	控制	控制	控制	控制
其他地区特征	控制	控制	控制	控制
时间虚拟变量	控制	控制	控制	控制
样本量	10 877	10 877	10 877	10 877
R^2	0.350	0.351	0.373	0.374
F统计量	247.47	248.35	278.33	278.87

三、分样本估计

通过估计城市群发展所带来的劳动力工资溢价,我们验证了城市群集聚空间外部经济效应的存在,而实证得到的弹性系数,主要反映的是对所有劳动力的平均影响,在此基础上我们进一步考虑劳动力和地区的异质性,检验城市群形成的空间外部效应是否对不同技能、不同地区和不同类型城市的样本存在差异。表3-7的列(1)—(2)显示了将样本分为高技能劳动力和低技能劳动力并分别进行估计的结果,其中高技能劳动力是指拥有大学及以上学历的人群,列(3)—(4)显示了东部和中西部地区的估计结果。可以看出的是,无论是高技能劳动力还是低技能劳动力,抑或东部地区和中西部地区,系数都显著为正,而相比于城市本地规模,两类劳动力以及不同地区之间从城市群集聚规模中所获收益的差别要更小。当城市集聚水平较低时,形成的经济效应也相对有限,特别是低技能劳动力,由于其供给相对较多,更有可能产生负向挤出效应,而城市群的发展可以在自身所在城市之外形成更强的集聚规模,从而扩大劳动力的就业市场,使劳动力能够获得更多的就业机会,同时流动性的增强也有利于劳动力获得更多的知识溢出,由于人力资本的互补性和外部性,在此过程中低技能劳动力的受益可能会提高(梁文泉和陆铭,2015)。分地区样本的比较亦是如此,城市群也能够在更大程度上释放中西部地区的发展空间和动能。此外,根据列(5)和(6)结果,中心城市和非中心城市同样也都能够享受到城市群发展所带来的好处,这也与Meijers和Burger(2017)的研究一致,虽然"借用规模"开始主要是针对中小城市提出的,但在城市群发展中,不只是中小城市能够享受到大城市的辐射作用,大城市也可以从中获益,这甚至会超过本地规模的影响,城市群所带来的发展空间的扩大能够在提供更多集聚正外部性的同时,缓解经济活动在大城市过度集中的拥挤负外部性,推动城市的转型升级。

表3-7 分样本估计结果

	不同技能劳动力		不同地区		不同类型城市	
	高技能	低技能	东部地区	西部地区	中心城市	非中心城市
	(1)	(2)	(3)	(4)	(5)	(6)
城市群集聚规模	0.097*** (0.035)	0.080*** (0.027)	0.076* (0.045)	0.074** (0.029)	0.149*** (0.040)	0.075* (0.042)
城市本地规模	0.125*** (0.021)	0.053*** (0.012)	0.096*** (0.016)	0.036** (0.016)	0.035 (0.042)	0.053** (0.024)
劳动力个人特征	控制	控制	控制	控制	控制	控制

续　表

	不同技能劳动力		不同地区		不同类型城市	
	高技能	低技能	东部地区	西部地区	中心城市	非中心城市
	（1）	（2）	（3）	（4）	（5）	（6）
其他地区特征	控制	控制	控制	控制	控制	控制
时间虚拟变量	控制	控制	控制	控制	控制	控制
样本量	4 124	6 753	6 397	4 480	5 739	5 138
R^2	0.283	0.189	0.447	0.285	0.420	0.268
F统计量	95.36	85.08	378.93	111.22	303.36	76.29

第三节　相关机制检验

通过对实证结果的分析，前文理论分析的主要结论能够得以验证，集聚经济的作用空间存在由城市向城市群扩展的趋势，不仅是所在城市自身，城市群发展所形成的集聚规模也能够促进生产率的提升，带来显著的劳动力工资溢价。在一定程度上说，这也是群内各个城市间互为补充、实现"双赢"乃至"多赢"的反映。对于城市群具有的这种集聚空间外部经济效应，我们从产业分工与关联、知识和技术溢出、市场一体、负外部性缓解等方面对其可能的作用机制进行了阐释，这里也拟通过相关的实证对此进行检验，以更好地呼应前文的理论分析。

一、产业分工和关联

城市群的发展是以城市体系的不断完善作为前提的，大、中、小城市在空间上的集聚伴随着功能分工的深化，相比于单一城市，城市群所能带来的极为重要的一个优势就是能够在更大空间范围的城市体系内实现产业的分工和关联，从而优化经济活动的空间布局，提高资源的配置效率，本节也首先从此出发检验城市群集聚空间外部性的作用机制。参考已有研究，我们引入每个城市群的功能分工指数。功能分工指数主要是反映城市群基于产业链不同功能进行分工的指标(Duranton and Puga,2005;赵勇和魏后凯,2015),首先计算每个城市的功能专业化强度,用城市生产性服务业就业人员与制造业就业人员的比值超过城市群平均水平的部分来表示,如式3-3所示,F_i表示城市i的功能专业化强度,S_i和M_i分别表示其生产性服务业和制造业人员数,S_c和M_c分别表示所在城市群的生产性服务业和制造业人员数。考虑到产业链高端环节理论上应该更多地分布于城市群的中心城市,因此指标以所有中心城市形成的功能专业化强度来表示城市群整体的功能分工指数,指数越大,城市群的功能分工程度越高。

$$F_i = \frac{S_i/M_i}{S_c/M_c} \quad (3-3)$$

在模型中加入城市群集聚规模与功能分工指数的交互项,以此来检验分工水平不同的城市群所形成的经济效益的差异。根据表3-8显示的估计结果,交互项的系数显著为正,结合指标含义,我们可以得出这样的结论,当分工指数越大即产业和功能分工愈发深化时,城市群发展所带来的好处也会增加,使得劳动力的工资报酬得到更大的提升。通过要素在城市体系内的优化配置,城市群会形成相对合理的分工体系,在不同规模城市之间形成基于产业链的功能分工,这能够有利于发挥各类城市的禀赋优势,同时有利于促进产业结构的升级。

表3-8 城市群产业和功能分工机制的检验

	总的常住人口	城镇常住人口
	(1)	(2)
城市群集聚规模×功能分工指数	0.021** (0.010)	0.025** (0.011)
城市群集聚规模	0.036* (0.021)	0.050* (0.027)
城市本地规模	控制	控制
劳动力个人特征	控制	控制

续 表

	总的常住人口	城镇常住人口
	(1)	(2)
其他地区特征	控制	控制
时间虚拟变量	控制	控制
样本量	10 877	10 877
R^2	0.388	0.390

在分工基础上,城市群内各个城市相应也会形成更为密切的合作与联系,经济主体不仅受本地产业发展的影响,还可以与群内其他城市的产业形成更强的上下游关联,更大程度上共享中间品的投入,同时获得更大的需求市场。在实证分析中,我们将产业划分了制造业、生产性服务业、消费性服务业和社会性服务业,这里为了对城市群所具有的这种产业关联效应进行检验,分别估计了每类产业在城市群的集聚规模对不同产业从业人员的影响,形成了如表3-9所示的系数矩阵。其中对角线的系数反映了劳动力从城市群自身同一产业集聚中获得的收益,系数显著为正表明城市群能够强化地方化经济的作用。此外,矩阵中的其他系数也为正值且大都较为显著,而这也为城市群形成的产业关联机制提供了证据。比如某个城市的制造业能够享受到城市群其他地区生产性服务业提供的服务,正如一些研究所指出的,城市金融业和生产性服务业的发展并不只会影响本地的经济,也会对周边地区的发展产生溢出效应(宣烨,2012;余泳泽等,2016)。对比表中的系数值,可以发现消费性服务业和社会性服务业从业人员从城市群各类产业的集聚中获得的收益较大,由于是面向市场提供服务,城市群带来的各类人员和要素的流动都会提高其需求。城市群实际能够促进不同城市的互补发展,大城市可以通过中小城市来推动产业升级,而中小城市也可以利用大城市的高端功能促进自身发展。可以说,产业专业化发展的地方化经济和产业多样化发展的城市化经济在城市群内并不矛盾,城市群的发展使得两者能够达到一种统一的关系,使经济主体享受到更大的集聚经济效应。

表3-9 城市群产业关联机制的检验

	制造业从业人员	生产性服务业从业人员	消费性服务业从业人员	社会性服务业从业人员
	(1)	(2)	(3)	(4)
城市群集聚规模(制造业)	0.064** (0.025)	0.032 (0.030)	0.091*** (0.017)	0.092*** (0.025)
城市群集聚规模(生产性服务业)	0.055* (0.033)	0.027 (0.040)	0.108*** (0.027)	0.083** (0.033)
城市群集聚规模(消费性服务业)	0.064* (0.035)	0.038 (0.037)	0.113*** (0.023)	0.100*** (0.029)
城市群集聚规模(社会性服务业)	0.054 (0.045)	0.041 (0.045)	0.121*** (0.034)	0.082** (0.041)

二、知识和技术溢出

除了通过产业分工和关联来优化资源配置和节约交易成本,群内各城市间知识和技术溢出的外部性是城市群带动生产率提升的另外一个重要机制,一般来说这种作用在城市群高技能劳动力的集聚方面会更为明显,因此这里我们拟估计城市群内具有高学历和从事高技能产业劳动力的整体集聚外部经济效应,以对此进行识别。其中参考陆铭等(2012)的研究,高技能产业包括信息传输、计算机服务和软件业,金融业,房地产业,租赁和商务服务业,科学研究、技术服务和地质勘查业,水利、环境和公共设施管理业,教育,卫生、社会保障和社会福利业,文化、体育和娱乐业,公共管理和社会组织以及国际组织。表3-10中的结果显示了两类人员在城市群内集聚规模的显著正向影响,城市群分布有更多高学历和高技能产业的劳动力,而要素和人员流动性的增强又能够提高各类人群接触和交流的频率,从而为知识和信息的溢出提供了更大的可能,有利于通过学习来实现人力资本的积累。另一方面,群内跨城市之间的企业合作,特别是搭建协同创新的平台,也更加有利于先进技术和管理经验的扩散,推动企业创新能力的提高。

表 3－10　城市群知识和技术溢出机制的检验

	（1）	（2）
城市群集聚规模（大学及以上学历人口）	0.066*** (0.024)	
城市群集聚规模（高技能产业从业人员）		0.077*** (0.025)
城市本地规模	控制	控制
劳动力个人特征	控制	控制
其他地区特征	控制	控制
时间虚拟变量	控制	控制
样本量	10 877	10 877
R^2	0.388	0.389

三、市场一体效应

正如前文理论分析所强调的，城市群集聚空间外部性的实现伴随着群内统一市场的形成和完善，城市间交易成本和技术摩擦成本的降低对于城市群的发展至关重要，这不仅仅是有形的交通成本，更体现在无形的制度和文化交易成本上，对此本书的分析也重点拟从制度性交易成本的视角来看其是否会影响城市群的经济效应。在市场一体发展方面，"一价法"是目前衡量市场分割程度最常用的一种方法（桂琦寒等，2006；毛其淋和盛斌，2011；李嘉楠等，2019），核心思想是利用地区之间商品相对价格的差异来分析市场一体化的状况。它来源于"冰山成本"模型，由于存在交易成本（既包括地理交通因素造成的运输成本，也包括制度因素造成的市场分割成本），商品价值在运输过程中会像冰一样"融化"掉一部分，而只有部分到达目的地，即使两地之间市场完全整合，没有套利机会，相对价格 p_i/p_j（其中 i 和 j 表示地区）也不必趋于 1，而会在 $[1-c, 1/(1-c)]$ 的区间内波动，其中 c 可以表示交易成本的大小。价格法用相对价格的方差来表示市场一体化的程度，方差越小表示市场一体化程度越高。为了测算相对价格的方差,需要构造一个 3 维 $t \times m \times k$ (t 为年份,m 为地区,k 为商品)的数据集,原始数据为各地区的商品零售价格分类指数。如式 3-4 和 3-5 所示,对于城市 i、j 和每类商品 k,采用城市间价格比的对数一阶差分绝对值与此绝对值对应的同类商品所有地区均值的差值来表示相对价格变动部分,以此消除商品的固定效应,进一步对不同种类商品的价格变动 q_{ijt}^{k} 计算方差可以得到市场分割指数,以此来测度城市群的制度交易成本。

$$|\Delta Q_{ijt}^{k}| = |\ln(p_{it}^{k}/p_{jt}^{k}) - \ln(p_{it-1}^{k}/p_{jt-1}^{k})| \qquad (3-4)$$

$$q_{ijt}^{k} = |\Delta Q_{ijt}^{k}| - \overline{|\Delta Q_{t}^{k}|} \qquad (3-5)$$

除此之外,当前的研究也越来越多关注文化和方言的影响,方言的多样化会造成一定的市场分割,提高交易和沟通成本,是阻碍国内市场一体化的重要因素(刘毓芸等,2017;丁从明等,2018),可以说,方言的分割能够一定程度上反映文化和制度的壁垒,也比较契合这里对城市间交易成本的测度。因此参考徐现祥等(2015)的研究,本章也构建了城市群的方言多样性指标,用来表示群内的市场一体程度,指标如式 3-6 所示。其中 Div_j 表示城市群 j 的方言多样化程度,k 代表城市群内的每种方言①,n 为城市群内总的方言种类数,S_{kj} 表示城市群 j 中说方言 k 的人数占城市群总人数的比重,Div_j 越大则意味着城市群的方言越多样化。

$$Div_j = 1 - \sum_{k=1}^{n} S_{kj}^{2} \qquad (3-6)$$

通过将市场分割指数和方言多样化指数引入模型中,来估计交易成本的降低和市场的一体化发展在城市群外部经济实现中的作用。根据表 3-11 的估计结果,无论是市场分割指数,还是方言多样化指数,与城市群集聚规模变量的交互项系数都为负值,且较为显著,这与我们的论断相一致,当市场分割和方言多样化程度越小,地区间的文化和制度壁垒相对较弱,无形的交易成本降低,市场会更加趋向一体,此时城市群更大空间的集聚外部优势也会更加明显,带来更高的效率提升和劳动力工资溢价。

---

① 方言数据来自中山大学徐现祥团队的中国方言数据库,根据《汉语方言大词典》(许宝华、宫田一郎主编,中华书局 1999 年版)整理得到,这里我们对方言多样化的度量是选取到方言片。

表 3-11　城市群市场一体机制的检验

	（1）	（2）
城市群集聚规模× 市场分割指数	−1.191* （0.722）	
城市群集聚规模× 方言多样化指数		−0.053** （0.021）
城市群集聚规模	0.097** （0.038）	0.095** （0.037）
城市本地规模	控制	控制
劳动力个人特征	控制	控制
其他地区特征	控制	控制
时间虚拟变量	控制	控制
样本量	10 628	10 877
R^2	0.388	0.388

四、多中心发展与拥挤缓解

城市群的发展内在地是各个城市都作为节点参与到分工网络中,并与其他城市形成相应的联系,依托于这种特征,城市群形成的外部经济效应理论上也是来源于城市间的集聚和合作,在此过程中并不需要经济活动在某一个城市的过度集中,因此城市群实际上是一种"大空间尺度集聚、小空间尺度分散",内在地具有多中心的特征,能够通过优化要素的空间配置来避免由单一城市过度集聚产生的拥挤负外部性。基于此,我们也在模型中加入了衡量城市群多中心发展的首位度和位序-规模系数指标。其中首位度越大表明城市群规模分布更加集中在少数的单中心城市,位序-规模系数的计算则如式 3-7 所示,$R(s_i)$ 为城市 i 在城市群中的排名,s_i 为城市 i 的人口规模,通过对式子取对数进行回归分析,β 为位序-规模系数,数值越大则表明城市群更加具有多中心的特征。

$$R(s_i) = As_i^{-\beta} \qquad (3-7)$$

从表 3-12 可以发现,首位度与城市群集聚规模的交互项系数为负,位序-规模系数与城市群集聚规模的交互影响为正,说明首位度越低、位序-规模系数越高也即城市群的多中心程度越高时,其所带来的集聚工资溢价也就越大。比较两个指标,首位度的交互影响相比位序-规模系数更加显著,考虑到前者更多是反映群内较大规模城市的分布,也说明了城市群对经济活动在超大规模城市过度集中的缓解,有利于优化中心城市的发展空间。集聚和扩散较为平衡的多中心城市群在强化集聚正外部性的同时也会更加有利于拥挤效应的弱化,从而带来更大的绩效提升,而单中心集聚则可能造成虹吸效应大于外溢效应。对此我们还特别在列(3)、(4)中采用非中心城市样本进行了估计,系数都十分显著,进一步表明了多中心发展的城市群也更加有利于对周边城市辐射带动作用的实现。

表 3-12 城市群多中心发展机制的检验

	全样本		非中心城市	
	(1)	(2)	(3)	(4)
城市群集聚规模×首位度	−0.106** (0.054)		−0.173*** (0.063)	
城市群集聚规模×位序-规模系数		0.019 (0.013)		0.040** (0.016)
城市群集聚规模	0.122*** (0.044)	0.052* (0.031)	0.178** (0.070)	0.056 (0.048)
城市本地规模	控制	控制	控制	控制
劳动力个人特征	控制	控制	控制	控制
其他地区特征	控制	控制	控制	控制
时间虚拟变量	控制	控制	控制	控制
样本量	10 877	10 877	5 138	5 138
R^2	0.388	0.388	0.269	0.269

本 章 小 结

在本章中,我们对本书的主要观点进行了实证检验,基于集聚经济效应带来的效率提升,同样特征的劳动力会具有更高的边际产出,从而获得更高的工资报酬,因此通过将城市群空间数据与微观劳动力调查数据相结合,本章为城市群具有的集聚空间外部性及其作用机制提供了来自劳动工资溢价证据,与前文的理论分析形成呼应。根据实证结果,除了受到所在城市自身规模的影响,城市群内其他城市形成的集聚规模也能够产生显著的收入溢价,规模扩大一倍,劳动力的收入会提高 6.7%—8.0%,将城市群的规模在中心与非中心城市、不同地理空间进行分解,这种影响仍然都显著存在。通过工具变量估计和加入劳动力特质异质性的代理变量来控制由互为因果和劳动力群聚可能带来的偏误,本章的主要结论也仍然都十分稳健。此外分样本的估计结果显示城市群的这种集聚外部效应相比本地规模经济也更加具有包容性,不同技能、不同地区和不同类型城市的样本都能够从中受益。基于此,我们进一步进行了相关作用检验,结果发现功能的分工及在此基础上实现的产业关联、知识和技术的溢出、市场的一体发展以及由多中心带来的对拥挤效应的缓解是城市群集聚空间外部性的重要来源。

第四章
区域合作与城市群集聚经济效益：以长三角城市群为例的分析

前面章节的分析表明,城市群的发展能够形成更强的集聚经济效应,带来经济绩效的提升,也正因为如此,要更加坚持城市群在我国区域经济中的主体地位。同时,我们也要探索未来要如何更好地完善城市群,以更加充分地发挥城市群的集聚优势,进一步释放生产力。对此,一个关键的问题就在于降低城市之间的交易成本特别是无形的制度性成本,尤其是需考虑到我国长期以来存在的地方保护和市场分割问题,其不可避免地会影响城市群的整合与协作,从而影响集聚经济效应的发挥。在我国现有行政区划和行政管理体制的情况下,城市群的发展不能强势而为,而需要在市场规律下顺势而为,通过群内各个地区间自发的合作和交流来逐步打破市场分割,降低制度交易成本,实现要素的自由流动和优化配置。作为我国发育最为成熟的城市群,长三角城市群的发展即具有这样的特征,特别是长江三角洲城市经济协调会的成立,使得各个城市具有了良好的交流和合作机制,对提高城市群的经济绩效具有重要的作用。因此,承接前文的分析,在本章中以长三角为例进一步分析了如何通过加强区域合作来提升城市群的集聚经济效益。①

第一节 政策背景与理论分析

一、我国地方市场分割的背景和事实

在我国经济发展过程中,地方市场分割问题是一个不得不考虑的重要因素。在政治集权和经济分权的背景下,地方经济的发展既关系到当地的财政收入和就业,又影响到当地官员的政绩评价,这提高了地方政府发展经济的积极性,但也使其具有了通过市场分割和地方保护主义政策来获得短期利益的激励(王永钦等,2007;Li and Wu, 2018)。为了本地的经济发展和财政收入,地方政府会通过各种手段限制地区间要素流动,导致地方政府间的竞争大于合作,甚至出现"以邻为壑"的现象(Young, 2000;银温泉和才婉茹,2001)。在一定程度上,中国的地方保护和市场分割是政府竞争的结果,反映了政府部门对地区间资源配置、经济活动的干预(李善同等,2004)。

我国的地方保护和市场分割问题也受到了国内外学术界和政策制定者较

---

① 本章主要内容发表于《经济学(季刊)》2017年第16卷第4期。

多的关注,一些文献分析和讨论了我国市场分割的程度及演进趋势,认为我国国内市场存在着一定的市场分割现象(Young,2000;Poncet,2005),不同省份之间的经济发展政策并不是完全一体化的(Xu,2002)。庞塞特(Poncet,2003b)也分析和比较了我国各省在国内贸易和国际贸易中的参与度,发现在国际贸易中的参与度增加的同时,国内市场的一体化反而降低。李善同等(2004)基于调查问卷的分析发现,我国国内的地方保护虽然已有很大程度的减轻,但依然存在。黄赜琳和王敬云(2007)则运用测量综合贸易壁垒的"边界效应"方法对我国的市场分割进行了分析。相对而言,基于"一价定律"的价格法是目前度量市场分割最为常用的方法,一些学者运用该种方法得出了市场分割在逐步改善的结论,桂琦寒等(2006)、陈敏等(2007)使用"一价法"和商品零售价格分类指数计算了中国的市场分割程度,都发现我国国内市场的整合程度总体上呈现出上升的趋势。赵奇伟和熊性美(2009)利用中国1995—2006年分地区的多种类别的价格指数数据,包括居民消费价格分类指数、固定资产投资价格指数和职工平均实际工资指数,测算了消费品市场、资本品市场和劳动力市场的市场分割指数,也发现各类市场的分割指数都趋于收敛。吕冰洋和贺颖(2020)则基于城市数据对我国商品市场分割进行了测算与分析,研究也发现2001—2015年间商品市场分割程度整体呈现了下降态势。

对于市场分割的成因及其背后的机制,杨(Young,2000)认为中国渐进式的改革开放政策赋予了地方政府更多的权利,从而使得地区间的竞争与日俱增,地方政府为了本地经济发展设置了较多的贸易壁垒,最终导致了市场分割。与此类似,周黎安(2004)、王永钦等(2007)也认为财政分权和官员晋升是导致市场分割的最主要因素。陈敏等(2007)则研究了经济开放对市场分割的影响,发现在经济开放水平由低到高的演变过程中,市场分割先上升再下降。范子英和张军(2010)的研究表明对于落后地区的合理的财政转移支付能够使其放弃分割策略转而参与地区分工,实证检验的结果也表明转移支付尤其是专项转移支付能够显著带来国内市场整合。刘瑞明(2012)研究发现一个地区的企业所有制结构决定了市场分割的程度,国有企业的比重和市场分割正向相关,主要是因为地方政府为了保护本地的国有企业而对外地竞争性企业通过征税等行政壁垒进行限制,从而加剧了市场分割。此外,范欣等(2017)认为基础设施建设有利于降低运输成本,从而推动地方政府降低本地市场准入门槛,促进市场一体化发展,其实证结果也表明基础设施建设有利于市场整合。

地方保护和市场分割对经济发展存在着不可避免的影响,多数学者都认为这种影响是不利的。杨(Young,2000)指出市场分割会使地区发展脱离自身的比较优势;郑毓盛和李崇高(2003)以及刘培林(2005)也都发现市场分割带来了巨大的效率损失,尤其是市场分割会导致资源配置效率的下降和产出结构的扭曲。庞塞特(Poncet,2003a)进一步强调了市场分割对经济发展的阻碍作用;柯善咨(Ke,2015)也发现国内市场一体化能够显著促进地区经济发展,同时地区经济的规模和增长也有利于中国市场的一体化;陆铭(2017)也对市场分割给区域发展造成的扭曲进行了论述。而付强(2017)的研究发现市场分割能够对区域经济增长产生促进作用,但这种作用是以产业同构为媒介并在一定程度上受制于开放程度和经济周期的。陆铭和陈钊(2009)、徐保昌和谢建国(2016)则都指出市场分割与经济发展和企业生产率之间存在着倒U形的关系,即使在短期内市场分割会提高经济绩效,但是从长期看,市场分割的影响仍然是不利的。也有部分文献研究了市场分割对能源(碳排放)效率的影响,发现降低市场分割能够显著提升能源和二氧化碳的排放效率(师博和沈坤荣,2008;Li and Lin,2017)。市场分割对企业出口贸易的影响也被一些学者所关注。朱希伟等(2005)、赵玉奇和柯善咨(2016)认为市场分割是造成我国低生产率企业从事出口的悖论的重要原因;吕越等(2018)的研究发现市场分割限制了企业的规模经济收益,降低了企业出口的国内附加值率。李嘉楠等(2019)则指出随着市场整合度提高,贸易成本的降低可以有效提高企业生产的专业化程度。

二、地方市场分割与城市群的发展

本书论述了城市群的发展能够形成更强的集聚经济效应,但从我国目前的发展实践来看,却不得不考虑由地方政府竞争和市场分割带来的影响。地方政府基于本行政区内经济利益最大化所作出的"理性选择"有可能表现为区域整体发展的无序和恶性竞争,在此背景下,城市群集聚经济效应的作用也可能会受到一定的扭曲,具体可以从以下方面来进行分析:

第一,城市群不只是简单的城市集合体,其形成和发育必然建立在各个城市之间通过市场整合形成密切经济联系和合理功能分工的基础之上,但行政区经济带来的地方保护主义和市场分割却使得中国城市群的协同和整合发展面临着较大的障碍。对此正如一些学者指出的,市场分割会扭曲资源的空间配置,抑制地区间的交流合作(Young,2000;毛其淋和盛斌,2012),从而使我国经济发展过程中本可以享有的大国规模经济效应反而无法得到发挥(陆铭,2017),而对比前面的分析,这些问题也正对应着城市群集聚经济效应的实现和发挥。由于过分追求本地区的短期经济增长,地方政府热衷于发展一些所谓的战略性产业以获得更高的收益,结果造成了一轮又一轮的重复建设与恶性竞争(陆铭等,2004),各个城市之间难以形成有效的功能和产业分工。同时地方政府也会保护一些缺乏自生能力的企业来追求短期利益,从而造成了资源配置的扭曲,降低了生产效率。此外,市场分割的影响还体现在公共基础设施的协调方面,使其难以形成统一的规划,不利于城市群的共建共享机制。

第二,城市群的形成和发育具有自身的规律和内在特征,虽然政策规划在当前的城市化阶段有利于对城市群的培育,但在地方政府竞争的背景下,这可能会成为地方政府追求政策红利和政绩考核的着力点,使城市群的划定成为政府之间相互博弈的结果。在此过程中,一些城市间可能没有形成足够的联系,从而使城市群范围的确定存在扭曲,不能完全遵循发展的客观规律和基本标准,难以发挥更强的集聚经济作用(方创琳,2014)。

第三,城市群的发展往往依托于向心力和离心力共同作用下所形成的合理的城市规模体系,在新经济地理学模型中,运输成本是塑造城市体系的一个重要因素(Fujita and Mori,1997;Fujita et al.,1999),而除了有形的运输成本,由市场分割带来的无形的交易成本也会对城市体系的形成产生影响。地方政府对行政区内的企业进行保护,限制了其自由流动,可能会使得本应集聚的企业产生分散,使得城市规模分布出现扭曲,较多的研究也都发现市场分割严重的地区往往会具有更低的产业集中度(白重恩等,2004;范剑勇,2004;赵伟和张萃,2009;吴三忙和李善同,2010)。此外,我国目前所实行的户籍制度和土地制度在一定程度上也限制了劳动力的流动,使得中国的城市化进程和城市体系出现了一系列不符合经济规律的扭曲(陆铭等,2011)。相对于中小城市,大城市的户籍制度更为严格,同时对建设用地的需求也更为迫切,因此这种扭曲更大程度上也是一种分散化的力量,限制了大城市的发展。虽然城市群的形成也伴随着经济活动空间分布的离散过程,但这是建立在大城市和特大城市的集聚经济效应得到充分实现的基础之上的,市场分割对城市体系的扭曲则会对此产生一种不利的影响。

三、长三角城市合作的相关实践

伴随城市群的兴起,区域化和网络化已经成为城市发展的一种必然趋势,探索在此过程中如何通过完善区域合作机制来打破地方市场分割、适应由传统的行政区经济向经济功能区的转变,已经成为一项重要议题(Heeg et al., 2003;Cox,2010)。基于我国城市群的现状格局,长三角城市群无疑是发育最为成熟的城市群,同时,也逐渐成为全球第六大城市群,在全国发展中的战略支撑作用日益突出。虽然包含了上海、江苏、浙江和安徽在内的多个行政区域,但长三角城市群的发展仍然取得了巨大的成功,群内的各个城市在不改变已有行政区划和行政管理体制的基础上自发地寻求合作所形成的区域合作机制发挥着重要的作用(Li and Wu,2018;徐现祥和李郇,2005),特别是建立长江三角洲城市经济协调会及依托协调会召开的长三角市长联席会议,有利于加强群内城市之间的联系,实现要素的充分流动和优化配置,促进市场的扩张和技术的外溢。

长三角地区一直以来就具有联动发展的历史渊源和坚实基础,而在改革开放之后,各个城市之间的合作意愿更加强烈。在1982年底,包括上海、苏州、无锡、常州、南通、杭州、嘉兴、湖州、宁波、绍兴等10个城市的上海经济区被批准设立,这形成了长三角城市群的雏形。此后几年,上海经济区的范围又不断增大,扩展到了安徽、江西等省份。然而作为长三角城市群区域整合发展的初步探索,上海经济区的发展中也出现了一些问题。随着1992年浦东的开发开放为长三角地区发展提供了更多的机会,在不改变已有行政区划和管理体制的情况下,各个城市之间也更加积极寻求自发的合作,探索建立可行的合作机制。1992年上海市、无锡市、宁波市、舟山市、苏州市、扬州市、杭州市、绍兴市、南京市、南通市、常州市、湖州市、嘉兴市、镇江市等14个城市成立了长江三角洲十四城市协作办(委)主任联席会,这是长江三角洲城市经济协调会的前身。在此基础上,1997年这14个城市与泰州市通过平等协商自发成立了长江三角洲城市经济协调会这一新的经济协调组织,长三角的区域合作进入一个新的阶段。随着长三角地区的经济发展与相互联系的增强,协调会的范围也在不断扩展,2003年台州市被纳入为正式成员,2010年合肥市、盐城市、马鞍山市、金华市、淮安市、衢州市6个城市新加入了协调会,2013年又正式吸收徐州市、芜湖市、滁州市、淮南市、丽水市、温州市、宿迁市、连云港市8

座城市加入,2018年则又审议通过了安徽铜陵市、安庆市、池州市、宣城市4个城市,成员扩大至34个;随着长三角一体化发展上升为国家战略,2019年长江三角洲城市经济协调会第十九次会议吸收黄山、蚌埠、六安、淮北、宿州、亳州、阜阳7个城市加入,由此协调会的成员包括了上海、江苏、浙江和安徽三省一市的全部41个城市。

依托长江三角洲城市经济协调会平台,各成员城市定期召开市长联席会议,最初每两年举行一次会议,后改为每年一次,至2021年已成功举办了二十一届市长联席会议。通过城市经济协调会和市长联席会议,长三角城市群的各个城市签署了多项协议,有效推动了在产业、交通、市场、金融、创新、信息、环境、教育、医疗、人才等方面的合作与交流,先后组织实施了商贸网点发展、旅游协作、国企重组、世博经济、物流信息一体化、交通规划衔接、科研设施共享、旅游标志设置、协作信息互换、港口联动、人才规划编制、交通卡互通、高校毕业生就业、资料信息中心建设、环保合作、医保合作、金融合作、会展合作、园区合作、农业合作、专利合作、口岸合作、品牌建设、新型城镇化建设等多个专题项目,取得了较大的成果。这种区域间自发的交流与合作,在一定程度上推动了产业的分工协作和要素的自由流动,有利于促进城市群集聚经济效应的实现。而长江三角洲城市经济协调会新成员的加入也体现了区域发展的客观诉求,能够避免由于行政干预而导致的城市群范围的盲目扩容。依托于长江三角洲城市经济协调会为主体的区域合作机制及由此展开的各项合作,能够有利于推动各个城市之间形成更为密切的联系,这也是长三角城市群发展的重要动力。

表4-1 长江三角洲城市经济协调会历次会议内容和成果

会议届次	会议时间	承办城市	会议主题或主要内容	主要成果
一	1997年4月	扬州	探索长三角城市群整体优势和建立更高层次的协调关系	通过《长江三角洲城市经济协调会章程》,确定了由杭州市牵头的旅游专题和由上海市牵头的商贸专题为长三角区域经济合作的突破口
二	1999年5月	杭州	区域合作与旅游商贸专题的深化	加强区域科技合作、推进国企改革资产重组、研究筹建国内合作信息网和旅游商贸专题进一步深化

续　表

会议届次	会议时间	承办城市	会议主题或主要内容	主　要　成　果
三	2001年4月	绍兴	抓住机遇、发展大旅游	明确提出在长三角共建大旅游圈；深化专题协作活动，研究编制区域发展规划，引导合作方向
四	2003年8月	南京	世博经济与长江三角洲联动发展	通过《关于以承办世博会为契机，加快长江三角洲城市联动发展的意见》，以世博为契机在基础设施、人才、旅游、环保等方面进行合作；组织专题报告会，举行合作项目的签约仪式，签约项目30个，投资总额近172亿元
五	2004年11月	上海	完善协调机制，深化区域合作	签订《城市合作协议》，确定信息、规划、科技、产权、旅游、协作六项专题工作，重点推进物流信息一体化、区域规划衔接、科研仪器设施公用平台建设、产权交易市场一体化、旅游景点指引标志统一和区域合作交流
六	2005年10月	南通	促进区域物流一体化，提升长三角综合竞争力	签订《长江三角洲地区城市合作（南通）协议》，就推进长三角区域物流规划对接、通关对接、信息对接和政策法规对接达成共识
七	2006年11月	泰州	研究区域发展规划，提升长三角国际竞争力	听取《长江三角洲地区区域规划纲要》编制情况，签订《长江三角洲地区城市合作（泰州）协议》，设立交通一卡互通、高校毕业生就业、长三角资料信息中心筹建等3个合作专题
八	2007年12月	常州	落实沪苏浙主要领导座谈会精神，推进长三角协调发展	签订《长江三角洲地区城市合作（常州）协议》，在港口合作、旅游标志规范、交通卡互通、信息共享、环境保护、统一市场、世博主题体验之旅等方面进一步深化合作
九	2009年3月	湖州	贯彻国务院指导意见精神，共同应对金融危机，务实推进长三角城市合作	签订《长江三角洲地区城市合作（湖州）协议》，批准继续深化长三角世博主题体验之旅、协调会自身建设两个合作专题，新设长三角金融合作、长三角医疗保险合作2个专题和长三角会展合作课题

续表

会议届次	会议时间	承办城市	会议主题或主要内容	主要成果
十	2010年3月	嘉兴	利用好世博机遇、放大世博效应,推进长三角城市群科学发展	签订《长江三角洲地区城市合作(嘉兴)协议》,继续深化长三角医疗保险合作、金融合作、会展合作等3个合作专题,新设园区共建专题和异地养老合作、现代物流业整合提升2个课题
十一	2011年3月	镇江	高铁时代的长三角城市合作	签订《长江三角洲地区城市合作(镇江)协议》,批准继续深化长三角园区共建合作专题,新设长三角农业合作专题,新设高速交通发展中长三角经济区域空间结构重塑研究等9个课题
十二	2012年4月	台州	陆海联动,共赢发展——长三角城市经济合作	签订《长江三角洲地区城市合作(台州)协议》,新设长三角地区专利运用合作体系建设和长三角城市群口岸合作2个专题,新设长三角民营中小企业转型发展等10个合作课题
十三	2013年4月	合肥	长三角城市群一体化发展新红利——创新、绿色、融合	签订《长江三角洲地区城市合作(合肥)协议》《长三角城市环境保护合作(合肥)宣言》和《长三角城市实施创新驱动推进产学研合作(合肥)宣言》,新设长三角品牌建设合作专题和多项课题
十四	2014年3月	盐城	新起点、新征程、新机遇——共推长三角城市转型升级	签订《长江三角洲地区城市合作(盐城)协议》,特设长三角协调会新型城镇化建设专业委员会、品牌建设专业委员会、旅游专业委员会和会展专业委员会等4个专业委员会,新设长三角城镇化提升主要路径及智能支持研究专题
十五	2015年3月	马鞍山	适应新常态、把握新机遇——共推长三角城市新型城镇化	签订《长江三角洲地区城市合作(马鞍山)协议》,批准成立长三角协调会健康服务业专业委员会,设立长三角城市群实施国家"一带一路"建设研究等7项课题

续　表

会议届次	会议时间	承办城市	会议主题或主要内容	主　要　成　果
十六	2016年3月	金华	"互联网＋"长三角城市合作与发展	签订《长江三角洲地区城市合作（金华）协议》和"互联网＋"长三角城市合作与发展共同宣言》，批准成立创意经济产业合作专业委员会、长三角青年创新创业联盟和长三角新能源汽车联盟
十七	2017年3月	淮安	加速互联互通，促进带状发展——共推长三角城市一体化	签订《长江三角洲地区城市合作（淮安）协议》，并发表了《淮安宣言》。审议通过了协调会聘请的第二届专家咨询委员会的成员名单
十八	2018年4月	衢州	建设大花园，迈入新时代——协同打造绿色美丽长三角	签订《长江三角洲地区城市合作（衢州）协议》，批准成立长三角协调会大数据应用专业委员会、新能源产业专业委员会以及长三角协调会智慧医疗发展联盟、智慧城区合作发展服务联盟、教育人才服务联盟、产业特色小镇发展联盟等2个专业委员会和4个合作联盟
十九	2019年10月	芜湖	构筑强劲活跃增长极的长三角城市担当与作为	学习了《长江三角洲区域一体化发展规划纲要》及2019年长三角地区主要领导座谈会精神，签订了《长三角城市合作芜湖宣言》，就共同贯彻落实长三角一体化发展国家战略达成多项共识
二十	2020年9月	连云港	长三角城市合作：新动能　新格局　新作为	深入学习领会近期在合肥召开的扎实推进长三角一体化发展座谈会精神，审议通过《长江三角洲城市经济协调会重点合作事项管理办法》等文件，首次印发年度工作计划，明确了2020年度共121个合作事项

续　表

会议届次	会议时间	承办城市	会议主题或主要内容	主　要　成　果
二十一	2021年10月	徐州	服务新发展格局,携手迈上新征程	围绕习近平总书记在扎实推进长三角一体化发展座谈会上的重要讲话精神进行学习领会和深入交流,在自贸试验区合作、跨境电商合作、音乐教育合作、绿色产业发展等领域集中签约了一批重大合作事项,举办了徐州都市圈产业协同发展、长三角民营经济协同发展、长三角中心城区高质量发展等专题交流活动

资料来源:张学良等:《长三角城市群研究》,经济科学出版社2021年版,第33—34页。

第二节　实　证　设　计

城市群的发展能够通过更为合理的资源配置以及城市之间的"借用规模"和网络外部性等形成更强的集聚经济效应,而这种效应的实现也需要建立在城市之间不断整合发展从而形成相对密切的分工与联系、实现要素更加自由流动的基础之上。在我国行政区经济和地方市场分割的背景下,更好地发挥城市群的集聚经济效应,需要完善地区之间的合作机制,加强区域间的交流和联系,而长江三角洲城市经济协调会为我们提供了一个很好的研究样本,协调会的成立显著推动了城市之间在相关领域的合作,也有利于城市间联系强度的提升。这里以长三角城市群为例,以长江三角洲城市经济协调会作为一项准自然实验,根据群内城市是否成为协调会的成员将样本分为处理组和对照组,并运用双重差分法来实证检验区域合作是否显著促进了城市群集聚经济效应的实现,从而带来产出效率的提升。

一、实证模型构造

双重差分法是政策评价中最为常用的一种方法,其基本思想在于,当我们对某项政策的效果进行评价时,不管是只比较接受这项政策的处理组样本在政策实施前后的差异,还是只比较政策实施以后处理组样本和对照组样本之间的差异,这样的单重差分都会存在一定的偏误。前者主要是因为会受到时间趋势或周期波动的影响,即使没有政策实施,如果在此时期内出现经济周期的波动,也会反映在结果中;后者主要是因为处理组和对照组可能本身就存在差异,即使没有政策实施,两类样本也会存在不同。上述基于单重差分进行估计所出现的两类偏误都会影响对政策净效应的判断,因此运用双重差分方法同时比较处理组和对照组在政策实施前后的差异会得到更为准确的结果。

对于双重差分法,我们可以通过设定虚拟变量 $treat$ 来将样本分为处理组(treat group)和对照组(control group),如果样本受到了政策影响,则为处理组,$treat$ 为 1,如果样本没有受到政策影响,则为对照组,$treat$ 为 0。同时设定反映政策发生前后的虚拟变量 $period$,对于政策发生之前的时间段,$period$ 为 0,对于政策实施之后的时间段,$period$ 为 1。通过对处理组在政策实施前后的差异和对照组在政策实施前后的差异进行比较,就可以识别出政策实施的净效应。双重差分方法估计模型的构造如式 4-1 所示:

$$y_{it} = \beta_0 + \beta_1 treat_i + \beta_2 period_t + \beta_3 treat_i \times period_t + \gamma X_{it} + \varepsilon_{it} \quad (4-1)$$

式中 y_{it} 为被解释变量,也是我们重点关注的结果变量(outcome variable),X_{it} 为控制变量,ε_{it} 为随机误差项。对于处理组来说,其在政策实施前后的变化 Δy_{treat} 为 $\beta_2 + \beta_3$,至于对照组,其在政策实施前后的变化 $\Delta y_{control}$ 为 β_2,两者的差异为 β_3。或者说,在政策实施前,处理组和对照组的差异 Δy_{before} 是 β_1,在政策实施以后,处理组和对照组的差异 Δy_{after} 为 $\beta_1 + \beta_3$,变化的量也是 β_3。因此,无论从哪个角度理解,模型中 $treat$ 与 $period$ 交互项的系数 β_3 都是反映政策实施的净效应的系数。

随着面板数据的使用越来越多,也有学者基于面板数据的双向固定效应模型来进行双重差分估计,特别是当政策分多期实施时,处理组样本受政策影响的时间不同,无法对所有处理组划定同一个实验期,因而式 4-1 模型中实验期虚拟变量 $period$ 不能有效设定。在此情况下,则可以采用面板数据的双向固定效应模型来进行估计(周黎安和陈烨,2005;范子英和李欣,2014;刘瑞明和赵仁杰,2015),模型设定如下:

$$y_{it} = \beta_0 + \beta_1 D_{it} + \gamma X_{it} + \alpha_i + \mu_t + \varepsilon_{it} \qquad (4-2)$$

在式中 D_{it} 是反映个体 i 在 t 年是否受到了政策影响的虚拟变量，如果是，则为1，否则为0，其等价于式4-1中处理组虚拟变量和政策实施期虚拟变量的交互项 $treat \times period$，α_i 表示不可观测的个体固定效应项，μ_t 表示时间效应。由于双向固定效应模型中同时具有反映个体特征的固定效应项和反映时间特征的变量，通过估计也能够实现双重差分的效果，其中 D_{it} 的系数就反映了政策实施的净效应。

这里将长江三角洲城市经济协调会的建立作为一项准自然实验，将城市是否加入了长江三角洲城市经济协调会作为一种处理效应，采用双重差分法进行分析。由于不同城市加入协调会的时间不同，这是一个政策在多期实施的双重差分模型，可以根据式4-2所示的面板数据双向固定效应模型来估计。我们构造了反映某个城市 i 在 t 年是否加入长江三角洲城市经济协调会的虚拟变量，这也是主要考察的解释变量，其系数就反映了加入长江三角洲城市经济协调会的净效应。对于模型的被解释变量，我们选取劳均产出指标来表示产出效率。另外本章的控制变量还包括劳均资本存量、人力资本、政府干预、产业结构、就业规模等指标。

此外，在运用双重差分法对某项政策实施后的效果进行估计时，我们不仅想得到其平均的效应，还想更加具体地识别其在实施后某一年的效果，以检验政策作用随时间变化的趋势，此时可以构造式4-3所示模型，其中 $dyear_k$ 表示是否为政策实施之后第 k 年的虚拟变量。

$$y_{it} = \beta_0 + \sum_{k=1}^{n} \beta_{1k} treat_i \times dyear_k + \gamma X_{it} + \alpha_i + \mu_t + \varepsilon_{it} \qquad (4-3)$$

二、数据来源和变量说明

本章分析主要以长三角地区江苏、浙江和上海131个县市区的面板数据作为样本，数据主要来源于历年《中国统计年鉴》《中国城市统计年鉴》《江苏统计年鉴》《浙江统计年鉴》和《上海统计年鉴》，缺失数据利用插值法进行补齐。采用县级单位作为样本主要是考虑到样本的时间区间较长，避免出现截面较少影响估计结果，更重要的是以县级单位进行估计，从经济层面上讲本身也比地级单位更加准确，将每个地级市的所有市辖区作为一个分析单元，将下辖的每个县或县级市也作为一个分析单元,当某个地级市加入协调会,其所含的县市区都加入。这里我们主要采用2010年的数据,主要是考虑到在这之前加入长江三角洲城市经济协调会的16个城市为长三角城市群的主要核心区,城市之间的合作较为成熟,效果也更为显著;而协调会在之后进行了扩容,范围逐渐扩大到包括安徽在内三省一市的全域,但新加入的城市属于长三角区域的相对外围区,在自身发展以及城市间关联水平方面相比城市群内在标准目前还存在一定差距。因此,实证分析的处理组主要是核心区16个城市,这样能够更加准确地度量长三角城市群区域合作的经济效应。在稳健性检验部分,我们也将样本扩展到了2014年进行估计,对不同情况下的估计结果作了对比。

重点考察城市群的合作和整合是否能够提高经济绩效,这里仍以劳动生产率作为被解释变量,表示为单位劳动力产出的对数值。为了剔除价格因素的影响,我们对各个地区的生产总值进行了平减,调整为以1993年为基期的实际生产总值。劳动力则用"全社会就业人员"表示。本章的核心解释变量就是反映长三角各地区是否加入城市经济协调会的虚拟变量,需要说明的是,这里都是以某个地区加入协调会之后的下一年开始作为1,其他设为0。此外还需要说明的是,我们不仅关注政策实施的整体影响,还关注其效果随时间的变化趋势,对此,也设置了反映地区加入协调会后某一年的虚拟变量,以此检验"政策"实施后随时间的变化情况。

与上述类似,这里的控制变量也进行如下的设置:(1)劳均资本存量。同样采用永续盘存法来对各地区的资本存量进行测算,将1993年作为基期,根据张军等(2004)的研究得到江苏、浙江和上海1993年的物质资本存量,然后以固定资本形成总额在全省中所占比例求得各县市区1993年的物质资本存量数据,此外固定资产投资价格指数则由所在省市的数据代替,资本折旧率则选取为9.6%。(2)人力资本。采用平均受教育年数来近似表示人力资本,计算方法为小学、普通中学、中等职业学校或普通中等专业学校、高等学校的在校学生数各自所占的比重乘以相对应的在校年数。(3)就业规模。用就业规模来度量城市内部的集聚程度,表示为全部就业人员的对数值。(4)政府干预。仍然采用政府财政支出占地区生产总值的比重来度量。(5)产业结构。采用城市第二产业的产值占比来进行衡量。各个变量的描述性统计如表4-2所示。

表 4-2 变量统计描述特征

变量名称	观察值	均值	标准差	最小值	最大值
劳均产出	2 358	9.690	0.825	7.614	11.986
是否加入协调会虚拟变量	2 358	0.379	0.485	0	1
劳均资本	2 358	9.172	1.207	5.275	13.237
人力资本	2 358	7.632	0.927	4.664	18.980
就业规模	2 358	3.719	0.735	1.445	6.995
政府干预	2 358	0.077	0.046	0.014	0.468
产业结构	2 358	0.492	0.113	0.166	0.770

第三节 实证结果分析

一、基础估计结果

表 4-3 给出了实证分析的基础结果,首先,在列(1)和列(2)中分别只控制了时间效应和个体效应,此时得到的是一种单重差分的结果,协调会虚拟变量的系数都显著为正。但单重差分的估计可能会因潜在的外部和内部冲击而存在一定的偏误,因此在列(3)中我们采用面板数据的双向固定效应模型同时控制了两类效应,从而实现了双重差分的估计。可以发现,长江三角洲城市经济协调会虚拟变量仍具有显著的正向作用,在控制住其他解释变量的情况下,加入城市经济协调会可以使该地区的劳均产出提高 8.9%,而且这种提升效应在 1% 的水平下显著。无论是在统计意义还是经济意义层面,长江三角洲城市经济协调会都有利于产出效率的提升。作为一种自发的区域合作和交流机制,协调会能够降低城市之间的制度性交易成本,一定程度上推动各个城市间的分工与合作,加强城市之间的联系,从而使得经济活动的空间布局更加合理,也有利于各个城市之间通过"借用规模"和网络外部性享受更大的集聚规模,形成更大范围的产业上下游联系和知识技术的溢出。基于此,城市群发展

所具有的集聚经济效应得到更加充分的实现,各个城市能够获得彼此集聚所带来的"1+1>2"的好处。

表 4-3 基础估计结果

	被解释变量:劳均产出			
	(1)	(2)	(3)	(4)
协调会虚拟变量	0.145*** (0.026)	0.261*** (0.048)	0.089*** (0.022)	
协调会虚拟变量(第一个四年)				0.056*** (0.017)
协调会虚拟变量(第二个四年)				0.103*** (0.025)
协调会虚拟变量(第三个四年)				0.116*** (0.025)
劳均资本	0.248*** (0.025)	0.452*** (0.048)	0.111*** (0.024)	0.114*** (0.024)
人力资本	0.069* (0.039)	0.194* (0.110)	0.038* (0.023)	0.037* (0.022)
就业规模	−0.215*** (0.052)	−0.185* (0.101)	−0.532*** (0.053)	−0.528*** (0.052)
政府干预	−3.101*** (0.454)	−1.136** (0.448)	−2.793*** (0.452)	−2.809*** (0.460)
产业结构	0.954*** (0.141)	0.849*** (0.200)	0.736*** (0.139)	0.724*** (0.139)
个体固定效应	不控制	控制	控制	控制
时间固定效应	控制	不控制	控制	控制
样本量	2 358	2 358	2 358	2 358

续　表

	被解释变量：劳均产出			
	（1）	（2）	（3）	（4）
R²	0.962	0.927	0.968	0.968
F统计量	—	746.70	1 010.02	1 017.188

注：系数下方括号内数值为聚类稳健标准误，*表示在10%显著性水平下显著，**表示在5%显著性水平下显著，***表示在1%显著性水平下显著。以下各表同。

除了估计加入协调会所形成的总体作用，在列（4）中我们进一步分析了长江三角洲城市经济协调会所产生的效应随时间变化的动态趋势，由于协调会的成立时间是在1997年，我们以每四年作为一个时间窗口，分别来看在第一个四年、第二个四年和第三个四年的表现。基于估计结果，三个时间窗口虚拟变量的系数都在1%的水平下显著为正，从而表明协调会所产生的这种效率提升效应是一直存在的，而且还具有一种随时间逐步增强的趋势。在加入协调会的前四年，获得的效率提升为5.6%；而在第二个四年，效率提升为10.3%；到第三个四年，效率提升进一步提高到11.6%，效果是第一个四年的2倍。长江三角洲城市经济协调会每年都会召开市长联席会议，就各个方面的合作进行相关的探讨，因此随着加入协调会的时间增加，城市之间的合作会越来越深化，所产生的协同效应也会越来越强，城市群的集聚优势更加明显，这也进一步验证了我们的主要观点，城市群的一体化发展能够带来经济绩效的显著提高。

对于本章的控制变量，我们基于列（3）来进行分析。劳均资本是决定劳均产出的最为重要的因素，其系数在1%水平下显著为正，资本产出弹性大约为0.11。人力资本的系数也显著为正，这在一定程度上表明，长三角目前的发展既依靠投资带动，也要依托人力资本的研发和创新来增强对经济发展的带动作用。就业规模的系数在1%的水平下显著为负，这一结果也恰恰表明，仅仅依靠单个城市的规模扩张有可能会产生拥挤效应，因而应该通过资源在城市群空间内的集聚和优化配置来实现更大的正外部性。政府作用的系数也在1%的水平下显著为负，表明政府对经济的过度干预在一定程度上损害了要素的配置效率。此外产业结构的系数显著为正，工业化进程的推进有利于促进经济的发展。

二、异质性估计结果

上文的结果显示了长江三角洲城市经济协调会影响劳动生产率的一种平均效应,在此基础上我们想进一步考察的是,对于群内不同的城市,这种影响是否也存在着差异。考虑到城市群形成和发育中不同规模城市所承担的功能并不相同,进而享受城市群空间溢出的能力也会存在差异,首先要看加入协调会对不同规模城市的异质性影响,我们在模型中加入了协调会虚拟变量和城市规模的交互项以对此进行识别。基于表4-4中列(1)的结果,此时协调会虚拟变量的系数显著为负,而交互项的系数显著为正,表明城市规模等级越高,其从城市群协同发展中获得的效率提升就越大。这里得到的结果与梅耶斯和伯格(Meijers and Burger,2017)的研究一致,其以欧洲城市为样本的研究发现"borrowed size"(借用规模)不只限于中小城市,大城市从城市网络外部性中的获益反而更高。这可能是两个方面的原因:一方面城市群的分工合作能够提升大城市的城市能级,推动城市转型升级;另一方面,城市群的发展能够通过要素在更大范围内的流动和配置来有效缓解大城市的集聚不经济。值得注意的是,虽然这里协调会虚拟变量 csj 的系数为负,但通过计算 size=0.134/0.059,可以得到协调会的效应由负转正的临界值大约是城市就业规模为9.7万人,而基于我们的样本,处理组中只有1个地区的规模没有达到这一临界值,由此可以说明,几乎所有地区都可以从加入长江三角洲城市经济协调会中获得收益,与前文所述相一致,城市群形成的集聚经济效应会对群内所有城市产生普遍的好处。

表4-4 不同规模和位置城市的异质性估计结果

	被解释变量:劳均产出	
	(1)	(2)
协调会虚拟变量	−0.134* (0.069)	0.161*** (0.045)
协调会虚拟变量×自身规模	0.059*** (0.018)	
协调会虚拟变量×距中心城市距离		−0.0004* (0.0002)

续 表

	被解释变量：劳均产出	
	(1)	(2)
劳均资本	0.119*** (0.024)	0.114*** (0.024)
人力资本	0.035* (0.021)	0.036* (0.022)
就业规模	−0.546*** (0.051)	−0.535*** (0.052)
政府干预	−2.838*** (0.450)	−2.898*** (0.460)
产业结构	0.801*** (0.136)	0.757*** (0.136)
个体固定效应	控制	控制
时间固定效应	控制	控制
样本量	2 358	2 340
R^2	0.968	0.968
F统计量	932.959	942.560

此外，我们还关注距离中心城市远近会对结果产生什么样的影响，计算了各个地区到长三角城市群核心城市上海的距离，并在模型中添加了其与长江三角洲城市经济协调会虚拟变量的交互项，结果如表4-4的列(2)所示，此时系数仍然非常显著，协调会虚拟变量的系数为正，交互项的系数为负，表明城市群政府合作产生的正外部性存在一种"近水楼台先得月"的效应，距离上海的距离越近，所获得的效率提升就越大。通过城市群的协同发展，群内的各个地区能够享受到更大的市场需求和更多的技术溢出，而这种效应在核心城市周边更容易实现。

另外我们也将样本按省份进行划分，从而考察了长江三角洲城市经济协调会的影响是否在不同省份存在差异，表4-5显示了分省份样本回归的结果。可以看到，无论是浙江省还是江苏省的地区，加入协调会都会获得效率的提升;而对比两个省份,江苏省通过城市群的市场整合和协调发展所获得的收益要大于浙江省。从平均效应来看,基于浙江省样本所得到的系数值为0.043,且只在10%的水平下显著,而基于江苏省样本所得到的系数值则为0.173,显著性水平为1%。进一步比较动态效应,无论在哪个时间窗口,协调会对江苏省样本的影响也都要强于浙江省。在长三角一体化发展的进程中,苏南地区的表现确实要好于浙北地区。就与城市群核心城市上海的对接来看,苏州、无锡、常州等都依托上海取得了巨大的发展,特别是与上海接壤的昆山、太仓等地区,一直位于全国百强县前列。从与上海的连通性方面分析,江苏省所建的第一条高速公路就是连接南京与上海的沪宁高速公路,其有效改善了苏南到上海的交通条件,促进了江苏与上海的经济联系,而浙江的第一条高速公路沪杭甬高速公路首先建设的却是杭甬段,沪杭段直到2005年才建成通车,在一定程度上限制了上海的辐射带动作用。江苏还拥有长江作为天然航道,进一步加强了城市之间的联系。此外,江苏与上海具有较为相似的经济结构,都主要是强政府、强外资模式,这为江苏接受上海的辐射和外溢提供了条件,相比之下,浙江的民营经济更为发达,在吸引外资和产业对接方面与上海的合作有限。

表4-5 分省份样本估计结果

	被解释变量:劳均产出			
	浙江省样本		江苏省样本	
	(1)	(2)	(3)	(4)
协调会虚拟变量	0.043* (0.023)		0.173*** (0.038)	
协调会虚拟变量(第一个四年)		0.051*** (0.017)		0.097*** (0.030)
协调会虚拟变量(第二个四年)		0.053** (0.024)		0.231*** (0.045)
协调会虚拟变量(第三个四年)		0.021 (0.031)		0.199*** (0.033)
劳均资本	0.125*** (0.044)	0.121*** (0.044)	0.097*** (0.032)	0.099*** (0.031)

续　表

	被解释变量：劳均产出			
	浙江省样本		江苏省样本	
	(1)	(2)	(3)	(4)
人力资本	0.130 (0.080)	0.149* (0.081)	0.035** (0.017)	0.034** (0.017)
就业规模	−0.724*** (0.062)	−0.722*** (0.062)	−0.335*** (0.069)	−0.340*** (0.068)
政府干预	−2.272*** (0.541)	−2.308*** (0.538)	−4.750*** (0.711)	−5.103*** (0.804)
产业结构	0.690*** (0.197)	0.715*** (0.204)	1.254*** (0.229)	1.204*** (0.219)
个体固定效应	控制	控制	控制	控制
时间固定效应	控制	控制	控制	控制
样本量	1 242	1 242	1 098	1 098
R^2	0.976	0.976	0.969	0.971
F 统计量	983.591	1 117.700	829.365	750.564

三、稳健性检验

（一）共同趋势检验

采用双重差分法进行分析,需满足平行趋势的前提条件,即如果不存在政策影响,处理组和对照组的增长趋势应该是一致的。如果不满足平行趋势的假设,模型的估计结果就可能会出现偏误。因此,这里需要对双重差分模型的平行趋势进行稳健性检验。设置反映是否为处理组的虚拟变量 $treat$,如果一个城市在样本期内纳入了国家城市群相关规划, $treat$ 为 1,否则为 0,同时选取政策实施之前的时间段,将劳均产出的变化率作为被解释变量,检验在政策实施前处理组和对照组是否具有相同的变化趋势,结果如表 4−6 的列(1)所示。可以看到,反映是否为处理组的虚拟变量 treat 的系数不显著,说明处理组和对照组在政策实施前的生产率变化趋势并不存在显著的差异。在表 4-6 的列(2)中,我们构造了协调会成立之前的 1994 年、1995 年和 1996 年的年份虚拟变量与处理组虚拟变量的交互项,估计结果显示三个交互项的系数都不显著,进一步说明处理组和对照组之间在时间趋势上没有明显的不同。由此,模型满足共同趋势假设,上文所发现的效率提升确实是由加入协调会带来的。

表 4-6 共同趋势检验结果

	被解释变量:Δ劳均产出	被解释变量:劳均产出
	(1)	(2)
处理组	0.011 (0.011)	
处理组×1994 年虚拟变量		−0.042 (0.041)
处理组×1995 年虚拟变量		−0.055 (0.040)
处理组×1996 年虚拟变量		−0.026 (0.027)
控制变量	控制	控制
年份效应	控制	控制
样本量	524	2 358
R^2	0.492	0.967
F 统计量	19.96	974.029

这里还进行了安慰剂检验,将加入长江三角洲城市经济协调会的时间人为地提前三年来设置虚拟变量,由表 4-7 的列(1)可以看到,变化了的协调会虚拟变量的系数不再显著,从而说明不存在其他随机因素影响处理组和对照组的趋势变化,我们所发现的效率提升确实是由加入协调会带来的。虽然通过了平行趋势检验,但处理组和对照组之间仍可能存在系统性的差异,因此,我们在基准的双向固定效应模型基础上进一步控制事前趋势,以得到更加稳

健的结果。在表4-7的列(2)中添加了处理组虚拟变量与时间趋势项的交互项,在控制处理组时间变化趋势的情况下来看政策实施的效果,可以发现,此时协调会虚拟变量的系数仍然在1%的水平下显著为正。另外,考虑到可能存在其他政策对本章结果产生影响,在列(3)中添加了省份虚拟变量与年份虚拟变量的交互项来控制不同省份的时间趋势,从而剔除省份差异对结果造成的影响,这也仍然没有改变我们的结论,长江三角洲城市经济协调会能够促进要素的优化配置,带来更高的产出效率。

表4-7 安慰剂和控制趋势检验结果

	被解释变量:劳均产出		
	安慰剂检验	控制时间趋势	控制省份趋势
	(1)	(2)	(3)
协调会虚拟变量	0.006 (0.015)	0.088*** (0.021)	0.085*** (0.022)
劳均资本	0.097*** (0.024)	0.111*** (0.024)	0.114*** (0.028)
人力资本	0.037 (0.027)	0.038 (0.023)	0.035 (0.023)
就业规模	−0.551*** (0.052)	−0.531*** (0.054)	−0.544*** (0.055)
政府干预	−2.940*** (0.461)	−2.790*** (0.428)	−2.946*** (0.500)
产业结构	0.662*** (0.135)	0.736*** (0.138)	0.785*** (0.162)
个体固定效应	控制	控制	控制
时间固定效应	控制	控制	控制
样本量	2 358	2 358	2 358
R^2	0.967	0.968	0.968
F统计量	1 090.256	971.990	—

(二) 考虑横截面空间相关的检验

由于长三角城市群各地区彼此相邻,根据地理学第一定律,样本之间可能具有较强的截面相关性,特别是加入长江三角洲城市经济协调会的地区,其空间分布更加邻近。为检验这种横截面空间相关是否会对估计产生影响,我们在模型中加入被解释变量的空间滞后项,采用空间面板模型来进行估计,如式4-4所示。

$$y_{it} = \rho \sum_{j=1}^{N} W_{ij} y_{jt} + \beta_1 Csj_{it} + \gamma X_{it} + \alpha_i + \mu_t + \varepsilon_{it} \quad (4-4)$$

空间权重矩阵这里采用 0-1 相邻矩阵,如果地区 i 和地区 j 相邻,则 W_{ij} 为 1,否则为 0。考虑到要通过双重差分效应来识别长江三角洲城市经济协调会的影响,我们采用空间面板固定效应回归,并且同时控制个体和时间效应。回归的结果如表 4-8 所示。可以看到,被解释变量空间滞后项的系数 ρ 在 1% 的水平下显著为正,表明样本之间确实存在着横截面空间相关,但这并没有改变我们的主要结论,长江三角洲城市经济协调会虚拟变量的系数仍然显著为正,而且其效果随时间逐渐增强的趋势也仍然存在。对比表 4-8 和表 4-3,考虑截面相关性之后可见,长江三角洲城市经济协调会虚拟变量的系数值有所下降,由 8.9% 降为 7.7%,同时各个时间窗口的值也都有所降低。根据列(3)和列(4),协调会对不同地区的异质性影响也仍然显著,其与城市规模交互项的系数仍显著为正,而与到上海距离的交互项的系数则显著为负。

表 4-8 考虑横截面空间相关的回归结果

	被解释变量:劳均产出			
	(1)	(2)	(3)	(4)
协调会虚拟变量	0.077*** (0.022)		−0.149** (0.063)	0.144*** (0.044)
协调会虚拟变量(第一个四年)		0.049*** (0.016)		
协调会虚拟变量(第二个四年)		0.085*** (0.025)		

续 表

	(1)	(2)	(3)	(4)
	\multicolumn{4}{c}{被解释变量：劳均产出}
协调会虚拟变量（第三个四年）		0.100*** (0.025)		
协调会虚拟变量×自身规模			0.060*** (0.017)	
协调会虚拟变量×距中心城市距离				−0.0004* (0.0002)
劳均资本	0.110*** (0.024)	0.112*** (0.024)	0.118*** (0.024)	0.113*** (0.024)
人力资本	0.037 (0.025)	0.037 (0.024)	0.035 (0.022)	0.036 (0.024)
就业规模	−0.529*** (0.054)	−0.527*** (0.053)	−0.543*** (0.052)	−0.532*** (0.053)
政府干预	−2.671*** (0.426)	−2.694*** (0.436)	−2.715*** (0.424)	−2.771*** (0.436)
产业结构	0.669*** (0.137)	0.660*** (0.137)	0.734*** (0.134)	0.692*** (0.136)
ρ	0.207*** (0.054)	0.193*** (0.055)	0.209*** (0.054)	0.194*** (0.053)
个体固定效应	控制	控制	控制	控制
时间固定效应	控制	控制	控制	控制
样本量	2 358	2 358	2 358	2 340
R^2	0.426	0.434	0.487	0.422

（三）扩展样本检验

分析基准模型采用的是狭义长三角的概念，将长三角城市群的范围定义

第四章 区域合作与城市群集聚经济效益：以长三角城市群为例的分析 / 129

为核心区域的 16 个城市,将其他城市作为对照组。而在 2010 年之后,长江三角洲城市经济协调会进行了扩容,成员扩展到了江、浙、沪、皖三省一市的全部区域。这里我们也考虑将样本扩展到 2014 年,从而将 2010 年之后加入协调会的区域也作为处理组来进行分析。一方面,这可以反映出长江三角洲城市经济协调会在整个长三角区域内的影响;另一方面,从实证上讲,这在一定程度上可以解决只将核心区域的 16 个城市作为处理组可能带来的自选择问题。将样本扩展之后,本章的核心解释变量的定义不变,仍然表示该地区当年是否加入协调会,盐城、金华、淮安、衢州 4 市所含区域在 2010 年之后的变量值为 1,徐州、丽水、温州、宿迁、连云港所含区域在 2013 年后的变量值为 1。基于扩展后的样本,虽然所有地区都成为处理组,但由于加入协调会的时间不同,双向固定效应模型仍然可以体现双重差分的效果。表 4-9 显示了估计结果,将样本扩展到 2014 年,本章的主要结论仍然成立,即使考虑 2010 年扩容后的情况,长江三角洲城市经济协调会的影响仍然显著为正。基于列(1),协调会的系数为 0.071,略小于表 4-3 中的 0.089,也在一定程度上表明核心区 16 个城市受协调会的影响要更强一些。列(2)考虑了动态变化,由于样本时间的扩展,我们也相应调整了时间窗口,从结果来看,6—10 年窗口期的影响仍然要大于 1—5 年窗口期的影响,但随着时间的延长,其边际影响的增长趋势会有所减弱。

表 4-9 扩展样本的回归结果

	被解释变量：劳均产出			
	(1)	(2)	(3)	(4)
协调会虚拟变量	0.071*** (0.017)		−0.122** (0.059)	0.083*** (0.035)
协调会虚拟变量(第一个五年)		0.056*** (0.014)		
协调会虚拟变量(第二个五年)		0.115*** (0.030)		
协调会虚拟变量(第三个五年)		0.093*** (0.030)		

续 表

	被解释变量：劳均产出			
	(1)	(2)	(3)	(4)
协调会虚拟变量×自身规模			0.052*** (0.015)	
协调会虚拟变量×距中心城市距离				−0.000 1 (0.000 1)
劳均资本	0.112*** (0.022)	0.119*** (0.024)	0.121*** (0.022)	0.115*** (0.022)
人力资本	0.025** (0.012)	0.025** (0.011)	0.023** (0.011)	0.025** (0.012)
就业规模	−0.528*** (0.050)	−0.520*** (0.050)	−0.548*** (0.049)	−0.524*** (0.050)
政府干预	−1.929*** (0.365)	−1.821*** (0.364)	−1.887*** (0.366)	−1.959*** (0.370)
产业结构	0.942*** (0.128)	0.954*** (0.127)	0.989*** (0.125)	0.971*** (0.129)
个体固定效应	控制	控制	控制	控制
年份固定效应	控制	控制	控制	控制
样本量	2 882	2 882	2 882	2 860
R^2	0.974	0.975	0.975	0.975

(四) 匹配双重差分检验

为了进一步避免处理组内生选择可能带来的偏误,我们也将倾向得分匹配方法与双重差分法相结合,运用匹配双重差分估计(PSM‑DID)得到更加准确的结果。匹配估计的思想是通过一定的方法从控制组中筛选出与处理组样本最为相似的数据,并与处理组数据进行比较以识别某项政策的效应,其中倾向得分匹配方法的筛选是先通过概率选择模型得到样本接受政策处理的概率值,在此基础上再筛选出与处理组样本概率得分最近的对照组样本。基于此,再采用筛选后的样本进行双重差分估计,匹配双重差分的估计结果如表4-10所示。可以发现,进行匹配后的估计并没有对主要变量的系数产生明显的改变,相关的结果都表明协调会对产出效率的显著提升作用,从而证明本章的结论具有稳健性。

表4-10 匹配双重差分的回归结果

	被解释变量:劳均产出			
	(1)	(2)	(3)	(4)
协调会虚拟变量	0.074*** (0.023)		−0.115 (0.087)	0.132*** (0.049)
协调会虚拟变量(第一个五年)		0.044** (0.019)		
协调会虚拟变量(第二个五年)		0.082*** (0.027)		
协调会虚拟变量(第三个五年)		0.102*** (0.028)		
协调会虚拟变量×自身规模			0.051** (0.023)	
协调会虚拟变量×距中心城市距离				−0.0003 (0.0002)
劳均资本	0.129*** (0.026)	0.132*** (0.026)	0.136*** (0.025)	0.135*** (0.025)
人力资本	0.025** (0.012)	0.025** (0.011)	0.024** (0.011)	0.024** (0.011)
就业规模	−0.541*** (0.054)	−0.536*** (0.053)	−0.548*** (0.053)	−0.539*** (0.055)
政府干预	−3.206*** (0.545)	−3.179*** (0.549)	−3.250*** (0.537)	−3.384*** (0.557)

续 表

	被解释变量：劳均产出			
	(1)	(2)	(3)	(4)
产业结构	0.671*** (0.135)	0.655*** (0.139)	0.728*** (0.125)	0.710*** (0.131)
个体固定效应	控制	控制	控制	控制
年份固定效应	控制	控制	控制	控制
样本量	1 746	1 746	1 746	1 728
R^2	0.972	0.972	0.975	0.975

四、进一步检验：长三角的市场整合

基于上文的分析，本书认为，长江三角洲城市经济协调会的建立能够带来生产效率的显著提升，背后的机理在于其能够通过降低群内各个城市之间的制度成本、推动市场整合来实现资源的优化配置，在这一部分，将进一步检验长江三角洲城市经济协调会与通过"一价法"构造的市场分割指数之间的关系，以期为本书观点提供更大的支撑。市场分割指数的计算方法参见第三章第三节相关内容，我们计算了长三角主要城市之间的市场分割指数，从长三角地区市场分割指数随时间的变化情况来看，其总体上呈现了逐渐减小的趋势。基于此，我们将所构造的市场分割指数作为主要被解释变量来实证检验长江三角洲城市经济协调会的建立所带来的影响。

由于没有县级层面的商品价格数据，这里采用的是地级层面的数据，参考黄新飞等(2013)的做法，我们不是将地级市作为样本，而是将两两城市之间的配对作为样本，共有253对。被解释变量为两个城市之间的市场分割指数，主要的解释变量仍然为是否加入协调会的虚拟变量，如果在t年两个城市都加入了协调会，则为1，否则为0。其他的控制变量，参考现有文献，包括：市场规模(size)，用地区生产总值除以土地面积的对数值来表示；政府干预(gov)，用地方政府一般预算支出占地区生产总值的比重表示；对外开放度(fdi、trade)，用外商直接投资实际使用额和进出口总额占地区生产总值的比重来

表示。对于上述变量,每一对城市我们都用两个城市的平均值来表示。此外还控制了城市间的相对技术差距(gap),用城市之间人均地区生产总值的差值占两城市平均值的比重来表示。我们采用固定效应模型,因此实际上也控制了两城市之间的距离和是否属于同一省份等不随时间变化的个体效应变量。

模型的估计结果如表 4-11 所示。可以发现,当加入控制变量,列(2)显示长江三角洲城市经济协调会虚拟变量的系数为负,且在 10% 的水平下显著,表明协调会的成立确实有利于打破地方市场分割,推动区域的市场整合和一体化发展,这也为上文的分析提供了进一步的支撑。在列(3)中控制了处理组的时间趋势项,结果没有发生改变。在列(4)中将城市之间的配对分为省内配对和省间配对,控制了不同种类城市配对的时间趋势,从而剔除了省份之间的干扰,此时协调会虚拟变量的系数仍然显著为负,也表明我们所得到的结果是相对稳定的。

表 4-11 长三角市场分割指数的回归结果

	被解释变量:Seg			
	不加控制变量	加入控制变量	控制趋势项	控制省份趋势
	(1)	(2)	(3)	(4)
csj	0.001 (0.001)	−0.002* (0.001)	−0.003** (0.002)	−0.002* (0.001)
$size$		0.023*** (0.002)	0.023*** (0.002)	0.023*** (0.002)
gap		0.005* (0.003)	0.006** (0.003)	0.005* (0.003)
gov		−0.053*** (0.016)	−0.053*** (0.016)	−0.054*** (0.016)
fdi		−0.018 (0.023)	−0.016 (0.023)	−0.014 (0.023)
$trade$		−0.002*** (0.001)	−0.002** (0.001)	−0.002*** (0.001)

续　表

	被解释变量：Seg			
	不加控制变量	加入控制变量	控制趋势项	控制省份趋势
	（1）	（2）	（3）	（4）
常数项	0.073*** (0.001)	−0.060*** (0.014)	−0.059*** (0.014)	−0.494*** (0.040)
个体固定效应	控制	控制	控制	控制
时间固定效应	控制	控制	控制	控制
样本量	3 406	3 406	3 406	3 406
R^2	0.457	0.479	0.479	0.489
F统计量	155.435	130.894	125.268	78.444

本 章 小 结

在前面章节对城市群的集聚经济效应进行理论和实证分析的基础上，本章中我们进一步以长三角为例，探索如何通过区域合作来降低制度交易成本，更好地发挥城市群的集聚优势。在我国存在地方市场分割的背景下，城市群的发展可能会受到一定的扭曲，而长三角城市群作为我国发育最为成熟的城市群，取得了巨大的成功，其中长江三角洲城市经济协调会的成立具有至关重要的作用，推动了城市群区域之间的交流与联系，促进了要素的自由流动，从而更加有利于城市群集聚经济效应的实现。基于此，本章采用长三角主要县市的数据，运用双重差分法检验了加入协调会带来的区域合作与城市群集聚经济绩效的关系，发现这不仅可以带来地区劳动生产率的显著提高，而且提升效应随着时间的增加逐渐增强，进一步地，协调会的成立对推动市场整合也具有显著的作用，所得结论在进行稳健性检验之后都仍然成立。基于此，在我国现行行政区划和行政管理体制下，可以通过加强和完善区域间的合作机制来更好地推动城市群的一体化和高质量发展。

第五章

推动区域市场一体化：
基于企业生存发展视角的分析

前文的分析表明,不断推进区域市场一体化、加强要素自由流动和优化配置,这是城市群发展的核心特征,也是城市群集聚发展优势得以有效实现的重要基础。而也正是因为如此,对于城市群的理论研究和现实发展来说,地区间存在的行政壁垒和市场分割是需要着重关注和探讨的内容。围绕地方保护和市场分割问题,第四章中对相关的背景进行了梳理分析,本章拟进一步深化相关研究,从企业生存和发展的视角提供更多的证据,以此来论证打破市场分割、建立统一大市场的必要性。① 虽然短期内会对企业生存起到一定保护作用,但地区市场分割最终会给企业的长期生存和发展带来不利影响,并且还会因保护低生产率和低盈利能力企业而造成资源配置的扭曲。从此点出发,也更应通过城市群的建设和发展来逐步打破行政壁垒,促进区域市场一体化发展,充分发挥国内大循环的主体作用。

第一节　理　论　分　析

企业作为市场的微观主体,其生存和发展对地区的就业、增长和社会稳定都具有重要影响。但根据国家市场监督管理总局发布的《全国内资企业生存时间分析报告》,生存时间不足5年的企业占到了所有企业的近一半。如何更好地促进企业生存发展,这是地方政府面临的重要课题。为了保护本地企业,政府实施了各种各样的政策措施,但是过度的地方保护和过度的地方竞争可能会导致市场的分割,对其产生的影响需要谨慎的分析。地方保护有利于新设立的企业免于激烈的国内市场竞争和占领本地市场,但从长期来看,市场分割和行政区壁垒也可能会阻碍成熟企业享受更大市场的规模和集聚经济效应。市场分割如何影响企业的生存和发展?其影响是否表现出时间异质性及企业异质性特征?这是本章要研究的主要问题。

已有研究对企业进入退出的影响因素进行了探讨。如企业层面的因素,包括企业年龄、规模、生产率水平、创新水平等(Segarra and Callejón, 2002; Cefis and Marsili, 2006; Esteve-Pérez et al., 2018);再是政府层面的因素,多数聚焦于优惠政策和政府补贴的影响,一些研究证实发现在意大利和整个

---

① 本章主要内容发表于 *Growth and Change*(《发展与变化》)2021年第52卷第4期。

欧盟,获得援助和补贴可以增加企业的平均生存时间(Heim et al., 2017; Pellegrini and Muccigrosso, 2017),贺灿飞和杨汝岱(He and Yang, 2016)基于中国的研究也得出了类似的结论,但也有学者则得出了相反的结论,研究发现接受较少的补贴会更有利于企业生存(Howell et al., 2018)。还有文献考察了地区层面的影响因素,发现企业所在区位或地区集聚经济对其生存有较大影响(Wennberg and Lindqvist, 2010; Howell et al., 2018),地区的专业化或多样化发展都可能使企业具备较高的生存概率及较低的退出风险(Renski, 2011; De Silva and McComb, 2012; Basile et al., 2017);而关于城市化经济的影响,则并没有得出较为一致的结论(He and Yang, 2016; Basile et al., 2017)。

本书重点关注市场分割对企业生存和发展的影响,通过估计企业生存模型的时变效应,检验了这种影响在企业成长的不同阶段可能存在的差异,并考察了这种影响的异质性作用,使结果更加准确合理,也丰富了相关的研究,为推动市场一体化发展提供了来自企业生存和资源配置方面的经验证据。理论上而言,新设企业往往面临着较多不利条件,尤其是抵御外部冲击的能力较差,激烈的市场竞争会增加新企业进入市场以及在市场中生存的难度(Renski, 2011)。此时,市场分割可能会在一定程度上保护当地的企业免受其他地区企业的竞争,使当地市场需求主要依靠本地企业的供给来满足,提高了企业销售产品的能力,有利于企业占领本地市场(Rocha and Sternberg, 2005),从而提高企业生存的概率。另外地方政府为了在区域竞争中脱颖而出,有保护本地企业的激励,实施如制度支持、税收激励、财政补贴等政策,也会帮助新企业克服相对于在位企业的劣势。然而,从长期来看,市场分割会阻碍企业扩张以实现其潜在的巨大国内市场优势,以及阻碍企业通过接受国内市场的知识溢出来提高其竞争力,而这些对于新企业了解市场需求、新技术和创新,并从其他地区企业的失败和成功中学习经验教训至关重要(Maskell, 2001; Renski, 2011)。同时市场分割也会影响企业生产要素的优化配置,企业可能会过度依赖本地市场,缺乏提高竞争力的动力。而且因为市场分割所带来的在更大空间范围如城市群层面的集聚经济效应的限制,企业无法充分享受到专业化生产、劳动力池以及知识溢出的好处,这会形成对企业长期发展的不利影响。基于此,可以提出如下假说:地方保护和市场分割可能有利于新企业的生存,但考虑到给企业进行市场扩张、享受集聚经济效应和提高竞争力等方面所带来的不利影响,这最终会转变为负面效应。

第二节 实证设计

一、实证模型构造

对于市场分割与企业生存发展的关系,我们也拟进行相关实证分析,以验证上文提出的主要观点。基准估计主要采用Cox生存风险模型来检验市场分割对于企业生存发展的影响,这也是进行生存分析最为常用的方法,模型设定如下所示:

$$h(t,X) = h_0(t) \cdot \exp(X\beta) \quad (5-1)$$

式5-1中被解释变量 $h(t,X)$ 为风险概率函数,表示企业在给定存在了某个时期 t 时退出的风险概率,$h_0(t)$ 表示 $\exp(X\beta)$ 为1时得到的基准值,也即所有解释变量为0时的风险函数。X是由一系列企业、产业和空间层面的特征变量所构成的解释变量集,β 为待估参数。其中核心解释变量为企业所在地区的市场分割指数 $MarketSeg$,而考虑到影响效应可能随时间变化的情况,我们在模型中加入了市场分割和企业生存年份的交互项 $MarketSeg \times \_t$,以识别其时变效应。还控制了可能会作用于市场分割和企业生存之间关系的变量,主要考虑了和企业生存相关的两类特征变量:第一是企业层面的变量,包括企业规模($lnsize$)、企业全要素生产率($lntfp\_lp$)、所有权结构($SOEs$、$FOEs$)、出口虚拟值(Ex_dummy)、盈利能力($Profitability$)、人均工资($lnwage$)等;第二是地区层面的与城市化、宜居性以及市场潜能相关的变量,包括就业人数($lnempl$)、公路总长度($lntrans$)和人均GDP增长率($Growth$)以及所处区位,还控制了两位数行业虚拟变量($Industry$)以及年份虚拟变量($Year$)。所有变量都为滞后一期值,以降低潜在的选择性偏差。此外,我们也加入了市场分割和企业生产率的交互项来看其异质性影响,以检验是否扭曲了资源错配,同时加入了企业所在区位、企业所有权性质以及企业出口变量与市场分割变量的交互项来进行异质性分析。

除了Cox风险模型,分析还使用了离散时间风险模型作为稳健性检验,如下所示:

$$\lambda(t,X) = 1 - \exp[-\exp(\beta'X + \gamma_t)] \qquad (5-2)$$

其中，γ_t 是区间基准风险概率，方程 5-2 也可以写成互补双对数形式，即 Cloglog 模型：

$$\log[-\log(1-\lambda(t,X))] = \beta'X + \gamma_t \qquad (5-3)$$

二、数据来源和变量说明

（一）数据来源

本章研究所使用的企业数据主要来自 1998—2007 年的中国工业企业数据库。该数据包含所有的国有企业和规模在 500 万以上的非国有企业，提供了适用于企业生存研究的丰富的企业基本情况和财务会计特征变量，这里我们将数据库样本匹配成面板数据。考虑到企业规模门槛可能导致选择性偏差，参考已有的使用该数据库研究企业退出和企业生存的文献，本章将基准研究的样本限定为 1998—2007 年间新成立的企业（Renski，2011），将企业成立的时间定义为第一次在数据库中出现的年份。参考勃兰特等（Brandt et al.，2012）的研究，删除了以下情况的数据：总产值、职工人数、固定资产净值、中间投入、销售额、实收资本小于等于 0 或者缺失，员工人数小于 8 人，销售额小于出口额，总资产小于流动资产，总资产小于固定资产净值以及累计折旧小于当期折旧。删除后的数据，为了消除异常值带来的影响，对主要变量作了 1% 的双向截尾处理。

（二）主要变量说明

实证估计主要采用生存分析模型，被解释变量风险概率主要使用风险函数计算，对此需要对企业进入、退出以及存续的信息进行定义和识别。一般情况下，企业进入和退出主要是通过其在数据库中出现的时间来识别，需要强调的是，本文使用的数据包含所有的国有企业以及规模以上的非国有企业，由于最低规模门槛的存在，企业退出数据库可能并不等同于企业破产，也可以解释为未能满足销售规模门槛。但正如豪威尔（Howell，2017）等的研究中所提到的，规模减小到门槛以下，表明企业经营不善或面临较大问题，一定程度上这也可以等同于企业的退出。即使如此，本书也依然作了较多尝试，以消除规模门槛带来的选择性偏差。在分析中，我们的研究样本主要关注那些连续存在两年及两年以上的企业。此外,根据现有基于中国工业企业数据库来研究企业进入退出和生存的文献(Zhang et al.,2017;Howell,2017;Howell et al.,2018;马弘等,2013),我们使用了两种方法定义企业退出。作为基准估计,我们将企业进入的年份(t_{entry})定义为企业第一次在样本中观测到的年份,将企业退出的年份(t_{exit})定义为最后一次在样本中观测到的年份。在实证研究中,变量 Die 表示用该方法定义的企业退出。另外,我们也根据企业的营业状态变量重新定义了企业的进入和退出,当营业状态变量等于1时,表明企业处于营业状态,等于0时,表示企业处于关闭状态。特别一提的是,如果某企业成立于 $t-1$ 期或者 t 期,同时当前的营业状态变量为1,我们将该企业定义为新设企业。对于那些从样本中消失的企业,会结合所有制类型和营业状态进行综合判断,例如,若某个国有企业从样本中消失,我们直接将其定义为退出,如果某个非国有企业从样本中消失,只有当其在样本中出现的最后一年营业状态为关闭时,才定义为退出,变量 Die_{new} 代表用该方法定义的非国有企业的退出。我们将在实证研究中对两种企业退出的定义方法进行对比分析。企业的存续时间为企业从进入至退出或者至样本区间的总年份。再者,我们也参考了已有文献的做法,在实证分析中通过规模以上企业定义的变动来看回归结果对最小规模门槛的敏感性,以此检验基准回归结果的稳健性。

  关于主要解释变量,市场分割变量的计算方法参见前面章节;这里计算了各省份之间的市场分割指数,分析主要在省级空间层面展开,为了对比和检验市场分割的测度对商品种类的敏感性,我们分别计算了基于13种商品零售价格指数和基于8种商品零售价格指数的市场分割变量值。关于企业层面特征变量,企业全要素生产率主要采用LP方法(Levinsohn and Petrin,2003)来进行计算,相应取对数值,计算过程中使用的工业增加值、产品销售额和工资、固定资产净值余额分别用企业所在省份的工业品出厂价格指数、居民消费价格指数、固定资产投资价格指数进行平减;另外企业规模用企业员工人数的对数值来表示,企业盈利情况用企业利润与总销售收入的比值来表示,企业工资水平用企业人均工资的对数值来表示,加之表示企业是否出口、是否为国有企业或外资企业的虚拟变量。关于地区层面的特征,主要包括地区总就业人数、高速公路里程、经济增长率及地区区位等变量。各变量的指标说明和统计如表5-1所示。

表 5-1 主要变量的描述统计

变量名	变量说明	均值	标准差
MarketSeg1	使用 13 种商品的零售价格指数计算的市场分割指数	0.022	0.017
MarketSeg2	使用 8 种商品的零售价格指数计算的市场分割指数	0.021	0.021
lnsize	企业员工人数的对数	4.688	1.052
lntfp_lp	基于 LP 方法估计的企业全要素生产率	6.546	1.108
Profitability	企业利润与总销售收入的比值	0.037	0.059
lnwage	企业人均工资的对数	2.343	0.556
Ex_dummy	企业出口虚拟变量(等于 1 表示出口企业,等于 0 表示非出口企业)	0.277	0.447
SOEs	国有企业虚拟变量(等于 1 表示国有企业,等于 0 表示其他类型的企业)	0.048	0.213
FOEs	外资企业虚拟变量(等于 1 表示外资企业,等于 0 表示其他类型的企业)	0.110	0.313
lnempl	从业人数的对数,用以衡量城市化的外部性	7.964	0.579
lntrans	高速公路总里程的对数	11.133	0.732
Growth	人均 GDP 增长率	0.128	0.039

第三节 实证结果分析

一、基础估计结果

表 5-2 汇报了 Cox 比例风险模型的基础估计结果,系数反映了对企业退出风险率的影响,企业退出的定义采用第一种方式。在列(1)—(4)中,市场分割指数是使用 13 种商品计算得到的,列(5)—(8)中,则使用了 8 种商品计算得到,总体可以发现,估计并没有表现出对测算市场分割指数所选商品种类的

表 5-2 基于 Cox 风险概率模型的基础估计结果

	MarketSeg1：13 种商品					*MarketSeg2*：8 种商品			
	(1)	(2)	(3)	(4)	(5)	(6)	(7)	(8)
MarketSeg	−3.024*** (0.397)	−2.375*** (0.388)	−2.536*** (0.391)	−3.462*** (0.416)	−4.094*** (0.353)	−3.572*** (0.350)	−3.785*** (0.352)	−5.135*** (0.371)
MarketSeg×_t	1.201*** (0.180)	0.935*** (0.179)	0.932*** (0.180)	0.756*** (0.183)	0.912*** (0.150)	0.717*** (0.148)	0.764*** (0.148)	0.742*** (0.150)
ln*size*		−0.247*** (0.004)	−0.263*** (0.004)	−0.266*** (0.004)		−0.247*** (0.004)	−0.264*** (0.004)	−0.266*** (0.004)
ln*tfp_lp*		−0.004*** (0.004)	−0.008** (0.004)	−0.013*** (0.004)		−0.006 (0.004)	−0.010** (0.004)	−0.013*** (0.004)
Profitability		−1.537*** (0.067)	−1.563*** (0.067)	−1.556*** (0.067)		−1.536*** (0.067)	−1.564*** (0.067)	−1.579*** (0.067)
ln*wage*		−0.281*** (0.007)	−0.260*** (0.007)	−0.234*** (0.007)		−0.276*** (0.007)	−0.255*** (0.007)	−0.231*** (0.007)
Ex_dummy		−0.132*** (0.010)	−0.164*** (0.010)	−0.146*** (0.010)		−0.132*** (0.010)	−0.165*** (0.010)	−0.146*** (0.010)
FOEs		−0.232*** (0.016)	−0.239*** (0.016)	−0.216*** (0.016)		−0.230*** (0.016)	−0.238*** (0.016)	−0.214*** (0.016)

续 表

	MarketSeg1: 13 种商品				MarketSeg2: 8 种商品			
	(1)	(2)	(3)	(4)	(5)	(6)	(7)	(8)
SOEs		0.369*** (0.013)	0.426*** (0.013)	0.394*** (0.014)		0.373*** (0.013)	0.431*** (0.013)	0.396*** (0.014)
lnempl				0.044*** (0.011)				0.052*** (0.011)
lntrans				−0.083*** (0.010)				−0.116*** (0.010)
Growth				−0.325*** (0.104)				−0.346*** (0.102)
East dummy				−0.186*** (0.009)				−0.192*** (0.009)
Industry dummies	No	No	Yes	Yes	No	No	Yes	Yes
Year dummies	Yes	Yes	Yes	Yes	Yes	Yes	Yes	Yes
观察值	743 100	743 100	743 100	743 100	743 100	743 100	743 100	743 100

注：系数下方括号内数值为稳健标准误，*表示在10%显著性水平下显著，**表示在5%显著性水平下显著，***表示在1%显著性水平下显著。

敏感性,结果变化不大。列(1)—(4)、(5)—(8)依次显示了逐渐加入企业特征、行业特征和地区特征控制变量的回归结果。考虑到市场分割对企业生存的影响可能存在时变效应,随着企业生存时间长短的不同会有所变化,我们在模型中加入了市场分割及其与企业存续时间$\_t$的交互项。

从结果可以看出,市场分割对企业生存发展具有显著的影响,且这种影响与企业的存续时间显著相关。市场分割及其与企业存续时间$\_t$的交互项的系数在所有的模型中均在1%的水平下显著,前者的系数为负,后者的系数为正,表明市场分割对企业退出风险率的影响随着企业的成长经历了由负转正的过程。对此可以通过公式$\beta_1+\beta_2\times\_t=0$计算拐点的大小,其中$\beta_1$和$\beta_2$分别表示市场分割及其与企业存续时间$\_t$的交互项的系数。根据列(4),拐点时间$\_t^*=3.462/0.756=4.579$。在图5-1中,基于列(4)的实证结果描绘出了市场分割对企业退出风险率的作用随企业生存时间变化的趋势,横轴为企业存续年数$\_t$,纵轴为市场分割对企业退出率的影响。与前文的研究推论相一致,市场分割在企业初创期可能会对企业起到一定的保护作用,减少其面对的竞争压力,有利于占据本地市场,但随着企业的不断成长和发展,市场分割的负向影响会逐渐凸显,一方面使企业形成一定的路径依赖,弱化其提升自身竞争力的内在动力,更重要的是,市场分割给更大空间范围集聚经济效应所带来的抑制作用,不利于企业通过更大的市场关联和技术外溢获得更大的发展空间。对企业退出风险影响由负转为正的拐点大概出现在企业成立的第四年和第五年之间,之前市场分割会有一定的保护作用,但长期来看市场分割的存在会增加企业退出的风险,不利于企业生存发展。

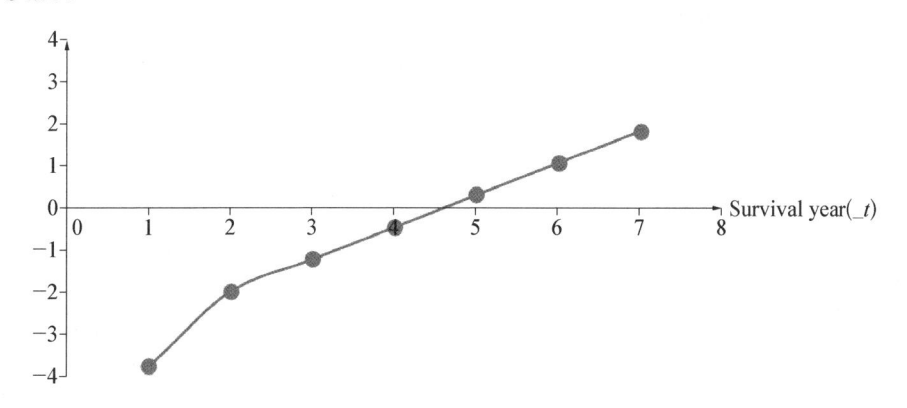

图5-1　市场分割影响企业退出风险率的时变效应

其他控制变量的估计结果与现有文献基本一致。企业规模的系数在所有的模型中均显著为负,大企业退出的风险更低。生产率更高以及盈利更强的企业也具有较低的退出风险。此外,出口企业相对于内销企业拥有更大的市场规模,从而具有更低的退出率;工资水平也与企业退出率显著负相关,工资作为人力资本的代理变量,说明企业较高的人力资本水平有助于降低退出风险。与其他类型的企业相比,外资企业的退出风险更低,但是国有企业却具有更高的退出风险,自生能力有待提高。关于地区层面的变量,代表交通基础设施水平的高速公路里程显著降低了企业退出风险,完善的交通基础设施有助于降低企业的运输成本,经济增长率也与企业退出风险负相关,高的增长率代表了高的消费需求以及良好的营商环境,另外,位于东部地区的企业退出的风险更低。

二、稳健性检验

(一) 敏感性分析

正如前文所述,非国有企业可能会因为无法达到最小规模门槛而从样本中退出。为了处理这类问题,表5-3给出了稳健性检验的结果。第一,我们使用新的根据企业营业状态变量定义的非国有企业退出的样本进行估计,结果如表5-3列(1)—(2)所示。第二,参考豪威尔(Howell,2017)的做法,我们将企业的最小规模门槛从500万提高到了800万以检验回归结果是否会发生变化,结果如列(3)—(4)所示。第三,我们使用了新的样本,基本回归中的样本企业是连续存在两年以上的,新的样本将包含所有存在两年以上的企业,这些企业可能不是连续存在的,列(5)—(6)汇报了使用新样本的实证结果。敏感性分析的结果表明基准回归估计并不会随着对企业退出定义和样本的不同而变化,也不依赖于企业最小规模门槛的设置,本书的主要结论是相对稳健的。

(二) 变换估计方法

考虑到样本数据的非连续性以及分层特性,表5-4汇报了使用离散时间模型和分层Cox模型的估计结果。列(1)—(2)为离散时间模型的估计结果,列(3)—(4)为根据省份代码分层的分层Cox模型的估计结果。市场分割及其与企业存续时间变量的交互项的系数与基准回归结果一致,控制变量也没有发生较大的变化,表明基准回归结果并不会因为估计方法的不同而产生变化,结果是稳健的。

表5-3 敏感性分析结果

	重新定义企业退出 (Dienew)		规模门槛敏感性		增加样本估计	
	(1)	(2)	(3)	(4)	(5)	(6)
	MarketSeg1	MarketSeg2	MarketSeg1	MarketSeg2	MarketSeg1	MarketSeg2
MarketSeg	-2.819*** (1.028)	-2.695*** (1.026)	-3.494*** (0.421)	-5.135*** (0.374)	-4.600*** (0.401)	-5.943*** (0.361)
MarketSeg×_t	0.948*** (0.456)	0.995*** (0.359)	0.772*** (0.185)	0.743*** (0.151)	1.132*** (0.157)	0.913*** (0.134)
Firm-level controls	Yes	Yes	Yes	Yes	Yes	Yes
Province-level controls	Yes	Yes	Yes	Yes	Yes	Yes
East dummy	Yes	Yes	Yes	Yes	Yes	Yes
Industry dummies	Yes	Yes	Yes	Yes	Yes	Yes
Year dummies	Yes	Yes	Yes	Yes	Yes	Yes
Observations	743 100	743 100	741 456	741 456	819 359	819 359

表5-4 变换估计方法的回归结果

	离散时间风险模型		分层Cox风险模型	
	(1)	(2)	(3)	(4)
	MarketSeg1	MarketSeg2	MarketSeg1	MarketSeg2
MarketSeg	-3.661*** (0.375)	-5.497*** (0.335)	-5.162*** (0.531)	-6.238*** (0.434)
MarketSeg×_t	0.600*** (0.116)	0.633*** (0.105)	1.000*** (0.229)	1.256*** (0.178)
Firm-level controls	Yes	Yes	Yes	Yes

续　表

	离散时间风险模型		分层Cox风险模型	
	(1)	(2)	(3)	(4)
	MarketSeg1	*MarketSeg2*	*MarketSeg1*	*MarketSeg2*
Province-level controls	Yes	Yes	Yes	Yes
East dummy	Yes	Yes	Yes	Yes
Industry dummies	Yes	Yes	Yes	Yes
Year dummies	Yes	Yes	Yes	Yes
Observations	549 205	549 205	743 100	743 100

(三) 来自长三角城市层面的经验证据

考虑到市场分割不仅仅存在于省份之间，也存在于城市之间，这部分将进一步基于长三角样本数据检验城市层面市场分割对企业生存发展的影响。具体而言，我们计算了长三角地区两两城市之间的市场分割指数，并分别使用Cox风险模型以及离散时间风险模型进行估计。如表5-5所示，我们也得出了与省份层面一致的结论，市场分割对企业退出率的影响随着企业存续时间的增长由负向转为正向，拐点时间也大致相近。上述分析表明基准回归结果在城市层面依然成立，这为本书的主要论点提供了进一步的证据。

表5-5　长三角城市层面的估计结果

	Cox风险模型	离散时间风险模型
	(1)	(2)
	MarketSeg2: 8种商品	*MarketSeg2*: 8种商品
MarketSeg	−0.369*** (0.084)	−0.343*** (0.080)
MarketSeg × _t	0.064** (0.028)	0.084*** (0.025)

续 表

	Cox 风险模型	离散时间风险模型
	(1)	(2)
	MarketSeg2: 8 种商品	*MarketSeg2*: 8 种商品
ln*size*	−0.338*** (0.009)	−0.384*** (0.010)
ln*tfp_lp*	−0.078*** (0.010)	0.016*** (0.008)
Profitability	−2.363*** (0.149)	−2.950*** (0.162)
ln*wage*	−0.239*** (0.017)	−0.250*** (0.018)
Ex_dummy	−0.089*** (0.017)	−0.146*** (0.018)
FOEs	−0.296*** (0.031)	−0.207*** (0.032)
SOEs	0.443*** (0.043)	0.620*** (0.049)
City dummies	Yes	Yes
Industry dummies	Yes	Yes
Year dummies	Yes	Yes
Observations	240 492	179 139

(四) 基于省市层面企业退出率的估计

本书研究构建的市场分割指数是基于省份层面和城市层面的,与此相对应,这部分我们分别构建了省市层面加总的企业退出率对基准回归的稳健性进行检验。考虑到市场分割对企业生存的影响随时间变化的特征,我们引入了一个根据拐点构建的虚拟变量 $t\_threshold$,该变量将企业分为两类,$t\_threshold$ 等于 1 表明企业的生存时间大于拐点年数,等于 0 表明企业的生存时间小于拐点年数。我们计算了两种类型企业的退出率。表5-6汇报了省份和城市层面的回归结果。可以发现使用省份和城市层面的加总退出率也没有改变基准回归结果,一次项系数为负,交互项系数为正,且绝对值大于一次项系数,对于存续超过时间拐点的企业样本,市场分割对企业退出率的影响是正的。这也再次证明,在企业成立之初,市场分割降低了企业退出风险,但是随着时间的推移,市场分割对企业的生存发展而言弊大于利。

表5-6 基于省市层面企业退出率的估计结果

	退出率 *Provincial level*	退出率 *City level*
MarketSeg	−0.359* (0.213)	−0.021*** (0.006)
MarketSeg × _$t_{threshold}$	0.513*** (0.191)	0.030*** (0.006)
Regional fixed effects	Yes	Yes
Year dummies	Yes	Yes
Observations	802	577

三、进一步检验:市场分割是否扭曲了资源配置?

上文的分析表明,从长远来看,市场分割对企业的生存而言是不利的。这部分主要从资源配置的角度探究其背后的原因。为此,我们在模型中分别引入了市场分割与企业全要素生产率、市场分割与企业利润率之间的交互项,为了便于理解,用企业全要素生产率和利润率减去其均值再与市场分割进行交互。表5-7显示了实证的估计结果。市场分割及其与企业存续时间交互项的系数符号没有变化,而如列(1)所示,全要素生产率与市场分割交互项的系数在1%的显著性水平下显著为正,当TFP等于均值时,由负转正的拐点大约为4.68年,这与基准回归结果基本一致。与此类似,列(2)显示,企业利润率与市场分割的交互项也在1%的显著性水平下显著为正。上述结果表明,企业生产率和利润率越低,市场分割对企业退出的影响系数会越小,或者从拐点计算来说,$\beta_1+\beta_2\times\_t+\beta_3\times\ln tfp\_lp$(或者 $\beta_3\times Profitability$)$=0$,企业生产率和利润率越低,市场分割的影响系数由负转正的时间拐点会越大,从而可以看出,相较于高生产率和高利润率企业,市场分割对低生产率和低利润率企业的保护作用更强,使其免于退出市场,具有更长的存续时间,而这在一定程度上会造成资源配置的扭曲。

表 5-7 市场分割与资源配置效率

	Cox 风险模型	
	(1)	(2)
	MarketSeg1	*MarketSeg1*
MarketSeg	−3.079*** (0.421)	−3.375*** (0.417)
$MarketSeg\times\_t$	0.658*** (0.186)	0.757*** (0.183)
$MarketSeg\times\ln tfp\_lp$	0.847*** (0.189)	
$\ln tfp\_lp$	−0.037*** (0.007)	
$MarketSeg\times Profitability$		12.150*** (2.953)
Profitability		−1.920*** (0.117)
Firm-level controls	Yes	Yes
Province-level controls	Yes	Yes
Industry dummies	Yes	Yes
Year dummies	Yes	Yes
Observations	743 100	743 100

四、其他异质性分析

除了考虑企业生产率和利润率的异质性,从而分析市场分割对资源配置的影响,我们也从企业所有权结构、所在区位以及出口状态等方面来分析市场分割的异质性效应。在实证模型中分别引入市场分割与企业所有权虚拟变量、地区虚拟变量以及出口虚拟变量的交互项,表5-8汇报了异质性检验的实证结果。在所有的模型中,市场分割及其与企业存续时间交互项的系数分别在1%的显著性水平下显著为负数和正数,与基准回归结果一致。就市场分割的企业所有权异质性而言,如列(1)所示,市场分割与国企虚拟变量的交互项系数显著为负,市场分割在短期内对国有企业和私有企业都是有利的,但国有企业受到的保护作用更强,相对于其他类型的企业生存时间更久。对此可能的解释是国有企业往往承担着更多的政治和经济责任,比如通过吸收剩余劳动力维持社会稳定,现实中政府也更倾向于保护国有企业,许多地方政府均出台了有利于国有企业发展的优惠政策。列(2)为考虑区域异质性的回归结果。市场分割与东部地区虚拟变量的系数显著为负,表明市场分割对企业退出风险的影响存在明显的区域异质性。具体来说,市场分割更有利于东部地区企业的生存,位于东部地区的企业往往拥有更大规模市场优势、更多的出口机会、更加完善的基础设施以及融资便利,这些均会在一定程度上抵消市场分割的负面影响。列(3)显示了市场分割背景下出口对企业生存的影响,可以发现,市场分割与企业出口虚拟变量交互项的系数显著为负,表明市场分割使得出口企业能够延长更多的生存时间,主要的原因可能在于市场分割将企业的市场规模局限于一个相对较小的本地市场,但是企业出口能够扩大市场规模,因此即使在市场分割的条件下,出口活动对企业生存也是有利的。

表5-8 企业异质性分析结果

	所有制异质性 (1)	区位异质性 (2)	出口异质性 (3)
MarketSeg	−5.034*** (0.375)	−4.439*** (0.434)	−4.774*** (0.373)

续 表

	所有制异质性	区位异质性	出口异质性
	(1)	(2)	(3)
$MarketSeg \times \_t$	0.767*** (0.150)	0.731*** (0.150)	0.803*** (0.150)
$MarketSeg \times SOE$	−1.004** (0.501)		
$MarketSeg \times East\ dummy$		−0.989*** (0.342)	
$MarketSeg \times Ex\_dummy$			−2.897*** (0.434)
Ex_dummy	−0.146*** (0.010)	−0.146*** (0.010)	−0.067* (0.016)
$FOEs$	−0.214*** (0.016)	−0.213*** (0.016)	−0.216*** (0.016)
$SOEs$	0.429*** (0.021)	0.395*** (0.014)	0.395*** (0.014)
East dummy	−0.192*** (0.009)	−0.166*** (0.013)	−0.192*** (0.009)
Firm-level controls	Yes	Yes	Yes
Province-level controls	Yes	Yes	Yes
Industry dummies	Yes	Yes	Yes
Year dummies	Yes	Yes	Yes
Observations	743 100	743 100	743 100

本 章 小 结

考虑到推动市场一体化是城市群发展的核心内在特征,也是其集聚经济效应充分发挥的基础条件,本章的研究重点围绕我国存在的地方保护和市场分割问题展开,从企业生存发展的视角为推动区域市场一体化发展提供更多的理论支撑和经验证据。基于工业企业数据,采用生存分析模型重点检验了市场分割对企业进入退出的影响及其异质性效应。基于估计结果,我们发现市场分割在企业成立初期会形成一定的保护作用,减小初创企业面临的竞争压力,有利于降低其退出风险概率,但是从企业长期发展来看,市场分割的保护效应会不断减弱并最终成为负向作用,不利于企业提升自身发展能力,也限制了企业享受更大范围的集聚经济效应和进一步拓展发展空间,从而带来退出风险的增加。市场分割对企业生存影响效应的时间拐点大概出现在企业存续的第4—5年。本章发现的主要结论在经过一系列稳健性检验之后仍显著成立,是较为稳健的。通过考虑企业特征的异质性分析,我们也发现市场分割会保护低生产率和低利润率企业免于退出市场而造成资源配置一定程度的扭曲。此外,市场分割对国有企业、东部地区企业和出口企业的保护作用也更强。基于上述发现可见,相对于市场分割,推动区域一体化会更有利于企业的长期生存和发展,应通过城市群的建设和发展,不断加强区域合作,打破地区行政壁垒,推动各类要素自由有序地流动,促进各地从分割走向整合,深化统一大市场建设,使得企业可以充分利用国内超大规模市场优势,享受更强的集聚经济效应,更好地实现国内大循环的主体作用。

结　论

第一节 研 究 总 结

　　本书总体遵循"经济现象—理论分析—模型解释—实证分析—对策探讨"的研究思路，在城市群日益成为要素集聚和区域发展战略主体的背景下，围绕城市群这样一种空间组织形式的经济运行规律和其所形成的经济效应展开。从城市群的演进规律和内在特征出发，重点论证了集聚经济从城市到城市群的空间扩展，系统分析了城市群发展形成的更强的集聚空间外部性及其作用机制与实现路径，并通过构建相关理论与实证模型，对此作了深入阐释与验证。在此基础上，进一步探讨了如何通过区域合作来更好地发挥城市群的集聚优势，以及不断打破地方市场分割、推动区域市场一体化发展与统一大市场建设的必要性。本书是对城市群相关研究的有益补充，深刻揭示了城市群所具有的集聚特性与发展优势，为城市群的崛起提供了系统学理支撑，也为我国城市群发展提供了更多的经验证据，无论是对在理论上理解城市群的空间组织与运行机制，还是对在实践上更好地发挥城市群对区域高质量发展的带动作用，都具有重要意义。

　　随着城镇化的不断推进，城市之间的联系愈发紧密，逐渐呈现出网络化发展特征，传统的行政区逐渐向经济意义上的功能区转变，由地域上相近的不同规模和功能的多个城市聚合而成的城市群逐渐成为我国区域发展的主体。而从另一方面来说，城市群也是我国城镇化道路选择的必然方向，将城市群作为主要载体以实现大中小城市和小城镇的协调发展也逐渐成为一种被普遍认可的城镇化道路。城市群正在成为承载发展要素的主要空间形式，以城市群为核心的区域空间发展格局正日益形成，我国的区域发展战略也逐步向城市群拓展和延伸。国家"十一五"规划纲要首次提出"把城市群作为推进城镇化的主体形态"，《全国主体功能区规划》则从国土空间开发的角度较为完整地提出了我国"两横三纵"的城市群发展格局。党的十八大以来，城市群的战略主体地位更加凸显。《国家新型城镇化规划》以及"十三五""十四五"规划都继续强调了以城市群为依托促进大中小城市和小城镇协调发展、优化城镇化空间格局，党的十九大和二十大报告也指出城市群在区域经济发展和城镇化推进中的重要作用。近年来，京津冀协同发展、粤港澳大湾区建设、长三角一体化发展、成渝地区双城经济圈建设上升为国家战略，更加彰显了城市群的主体作用。此外,国家还集中出台了多项有关城市群和经济区发展的专项规划。在此基础上,我国逐渐形成了涵盖东中西和东北地区多个城市群的空间布局和发展体系。

作为城市化和工业化发展到高级阶段的一种空间组织形式,城市群的形成和演进伴随着区域空间从无序均衡到中心-外围再到多中心多外围复合网络式发展的过程,其中也相应地存在着城市间功能产业的垂直分工和水平分工的演进。通过在特定空间内由不同规模等级的城市在分工与协作基础上形成具有密切联系的一体化功能区域,城市群可以实现要素在超越单个城市的城市体系内的集聚、流动与整合,因而城市群整体上会具有更大的集聚规模,但同时会避免经济活动在某一个城市的过度集中,这能够使城市群形成特定的发展优势。在城市群内,向心力和离心力共同作用下的集聚和扩散伴随着群内城市间产业和职能的重新组合,有利于形成更加合理的分工,优化经济活动的空间布局,提高资源的配置效率;而建立在分工基础上的合作与联系又能够通过"借用规模"和网络外部性等机制推动城市之间集聚经济效应的分享,在更大的范围内加强产业上下游间的联系、劳动力池的共享和知识技术的溢出,降低企业的生产和交易成本,推动人力资本的积累和技术创新,同时城市群的资源共享也有利于推动区域的协调发展;在获得更大的分工收益和规模效益的同时,城市群也能够缓解单一城市过度集聚所产生的拥堵等负的外部性。因此相比单一城市的发展,集聚经济在城市群内会得到进一步的深化和拓展,各个城市间的相互作用和联系会形成一种互为空间溢出的外部性,推动城市间集聚经济的共享,经济主体不仅能够获得本地区集聚的好处,还可以享受其他城市的市场和技术外部性,获得更大的规模效益和分工收益,集聚从地方化经济、城市化经济走向城市群经济。

对此本书构建了一个理论模型框架来作进一步分析,在新经济地理学的框架体系下,结合内生增长理论和空间均衡理论的相关思想,同时考虑要素流动、产业上下游关联和技术溢出,在尽可能契合城市群发展内在特征的情况下,通过模型的均衡分析,从劳动力工资收入溢价的视角阐释了城市群所形成的这种集聚空间外部性及其可能的作用机制。基于模型框架可见,城市群中的城市总是处于与其他城市的密切联系之中,无论是下游需求,还是上游供给,抑或技术知识的交流,实际都体现了各个城市之间相互作用、互为溢出的一种关系,使得均衡劳动力收入水平得到提高,因而劳动力的工资报酬不仅与本地规模相关,也会受到由群内其他城市的共同集聚带来的影响。模型中一些主要参数的变动所引起的相应产品市场均衡和劳动力流动均衡曲线的移动,会改变均衡的工资水平,而根据参数所代表的内在涵义及其所带来的这种比较均衡分析,也可以对城市群所具有的集聚外部性的作用机制与路径进行讨论,主要体现在产业功能的分工与关联、知识技术溢出与创新的合作、市场的一体化与资源优化配置、城市体系多中心发展对单一城市过度拥挤负外部性的缓解等方面。

在理论分析的基础上,本书也相对应地对主要的论点进行了实证检验。基于集聚经济外部性带来的效率提升,同样特征的劳动力会具有更高的边际产出,从而获得更高的报酬,本书将城市群空间人口经济数据与中国家庭金融调查的劳动力微观数据相结合,通过估计劳动工资收入的城市群整体集聚规模溢价来进行实证分析,并对可能的机制进行了识别,形成前后呼应。根据实证结果,除了受到所在城市自身规模的影响,城市群内其他城市形成的集聚规模也能够产生显著的收入溢价,规模扩大一倍,劳动力的收入会提高6.7%—8.0%,将城市群的规模在中心与非中心城市、不同地理空间进行分解,这种影响仍然都显著存在。通过工具变量估计和加入劳动力特质异质性的代理变量来控制由互为因果和劳动力群聚可能带来的偏误,主要结论也仍然都十分稳健。此外分样本的估计结果显示,城市群的这种集聚外部效应相比本地规模经济也更加具有包容性,不同技能、不同地区和不同类型城市的样本都能够从中受益。在此基础上,我们针对性地构建相关机制变量并将其纳入模型估计中,发现主要的作用机制和路径也都得到了验证。

在对城市群的集聚空间外部性进行理论和实证分析的基础上,本书重点以长三角为例,进一步地探讨了如何通过区域合作来更好地发挥城市群的集聚优势。在我国存在地方市场分割的背景下,城市群的发展可能会受到一定的扭曲,而长三角城市群作为我国发育最为成熟的城市群,取得了巨大的成功,其中长江三角洲城市经济协调会的成立具有至关重要的作用,推动了城市群区域之间的交流与联系,促进了要素的自由流动,从而更加有利于城市群集聚经济效应的实现。基于此,采用长三角主要县市的数据,运用双重差分法检验了加入协调会带来的区域合作与城市群集聚经济绩效的关系,发现这不仅可以带来地区劳动生产率的显著提高,而且提升效应随着时间的增加逐渐增强,进而协调会的成立对推动市场整合也具有显著的作用,所得结论在进行稳健性检验之后都仍然成立。综上所述,在我国现行行政区划和行政管理体制下,城市群的发展要顺势而为,通过加强和完善区域间的合作机制来更好地推动城市群的一体化和高质量发展。

考虑到推动市场一体化是城市群发展的核心内在特征,也是其集聚经济效应充分发挥的基础条件,重点围绕我国存在的地方保护和市场分割问题,本书也尝试从企业生存发展的视角为推动区域市场一体化发展提供了更多的理论支撑和经验证据,采用生存分析模型重点检验了市场分割对企业进入退出的影响及其异质性效应。基于估计结果,我们发现市场分割在企业成立初期会形成一定的保护作用,减小初创企业面临的竞争压力,有利于降低其退出风险概率,但是从企业长期发展来看,市场分割的保护效应会不断减弱并最终成为负向作用,不利于企业提升自身发展能力,也限制了企业享受更大范围的集聚经济效应和进一步拓展发展空间,从而带来退出风险的增加。市场分割对企业生存影响效应的时间拐点大概出现在企业存续的第四到五年,所得主要结论在经过一系列稳健性检验之后仍显著成立。同时我们也发现市场分割会保护低生产率和低利润率企业免于退出市场而造成资源配置一定程度的扭曲。相对于市场分割,推动区域一体化会更有利于企业的长期生存和发展,应通过城市群的建设和发展,不断加强区域合作,打破地区行政壁垒,推动各类要素自由有序地流动,促进各地从分割走向整合,深化统一大市场建设,使得企业可以充分利用超大规模市场优势,享受更强的集聚经济效应。

第二节 政策建议

本书的研究也具有一定的政策启示。城市群作为城镇化和工业化发展到高级阶段的空间组织形式,理论上具有自身发展方面的优势,能够形成更大的分工收益和规模经济,消除过度拥挤带来的负外部性,从而实现更强的集聚经济效应,带来经济绩效的提升。以此作为支撑,在现有城市群发展的基础上,未来应该继续坚持完善城市群在承载要素资源方面的空间主体作用,发挥其在优化新型城镇化空间布局和推动区域高质量发展方面的战略主体地位,不断加强和完善城市群建设与发展。基于对城市群演进规律和内在一体化发展特征的分析,以及对城市群集聚优势内涵特征、作用机制和实现路径的论证,本书提出了进一步推动城市群发展的政策建议,主要集中在以下方面:

第一,加强产业分工合作,共建现代化产业体系。打造自主可控、安全可靠、竞争力强的现代化产业体系,是推动实现中国式现代化的重要基础,这对资源配置效率和技术创新水平有着更高的要求,也更加内在地需要通过地区之间的分工与合作形成发展的相互支撑与合力。产业功能的分工与合作是城市群集聚优势的核心特征,城市群发展应促进以产业为核心的循环联动。要加强各城市间的协同,发挥各地比较优势,促进区域产业优势互补、紧密协作、联动发展,在研发设计、配套加工、市场拓展等领域进行有效对接,积极探索"企业+资源""研发+生产""总部+基地""市场+产品"等合作路径。要顺应全球产业技术前沿和高端化、数字化、智能化、网络化的发展趋势,聚焦电子信息、人工智能、生物医药、新能源汽车、高端装备等战略新兴产业的发展,理清产业链条,加强在资金、技术、人才方面的合作,推动资源的共享与产业链的协同,推动战略性新兴产业的融合集群发展,提升产业链供应链水平。要加强数字经济合作联动,协同推动数字经济赋能实体经济发展,加快数字产业化和产业数字化进程,把握经济发展的新产业、新业态、新模式。此外要重视培育产业协同发展的载体,发挥产业集群在促进城市间新型分工合作关系形成中的重要作用,同时促进城市间各类园区平台的对接,鼓励中心城市的开发区利用自身的管理、人才和资金优势与周边地区开发区开展合作共建,推动产业的分工和升级。

第二,加强创新协同合作,打造科技创新共同体。城市群的发展也要发挥其在推动知识技术溢出和协同创新方面的优势,统筹推进科技创新能力建设,共同打造科技创新共同体。要加强从基础研究到技术应用再到应用场景丰富的过程融合,探索面向重大需求、面向技术瓶颈、面向消费者需求的多层次创新体系。围绕产业链补链强链,共建新型科研机构和协同创新平台,开展创新资源共享、科技联合攻关、科技成果协同转化,在重点产业、重点领域、重点环节加强产业链与创新链的融合提升。推动城市群在重大基础研究和关键核心技术突破等方面开展联合攻关,共同解决"卡脖子"的技术难题。共同打造重大科技基础设施集群、高水平创新基地、创新公共服务与资源共享平台,创新体制机制,整合创新资源,加强区域创新要素的流动与优化配置,构建集创新要素、研发载体和产业需求于一体的创新综合体,推动产学研用深度融合。要以市场需求为导向,建立城市群一体化的技术交易市场网络、科技成果转移转化服务体系和科技成果交易中心,打造利益共享、优势互补的科技创新转化平台。

第三,加强要素资源流动,推动统一大市场建设。城市群集聚经济效应得以有效实现的关键在于不断消除行政壁垒,持续推动市场一体化发展,促进各类要素自由流动和高效集聚。要加强统一大市场建设,发挥市场在资源配置中的决定性作用,形成统一开放、竞争有序的市场体系,促进不同地区在市场准入、政策标准和市场监管方面的协调统一,有效破除地方保护、行业垄断和市场分割,打通经济循环中的各类制度堵点。要积极为资源和要素流动搭建平台,促进区域资本整合、区域技术合作和人才流动,建立统一开放的劳动力、资本、技术、产权交易等各类要素市场,探索跨地区土地开发指标的交易机制,实现生产要素在城市群内跨区域合理流动和优化配置。要全面实施市场准入负面清单制度,营造平等准入的无差异投资环境,加快各地投资相关审批制度、标准的衔接和统一,鼓励各地区构建跨区域的统一市场准入服务系统,加强企业登记文件的互认共享,减少企业商务成本。要促进城市群市场监管的协同合作,深入推进市场监管政务公共数据的归集、整理、共享、应用,促进地区间市场监管的信息沟通,切实加强地区之间联动执法工作,探索区域网络平台经济的创新协同监管,加强投诉转接直通和异地部门沟通机制。

第四,加强多中心发展,优化城市空间体系。通过城市群的发展来实现大中小城市以及小城镇的协调发展,优化城镇化空间布局,是城市群的主要战略定位。在要素充分流动和集聚经济优势充分发挥的基础上,要增强中心城市对中小城市的扩散和溢出效应,促进不同城市功能的合作对接与辐射带动,不断优化城市空间体系。要充分发挥中心城市的引领带动作用,推动中心城市发展增"量"提"质",提高中心城市的要素集聚和资源配置能力,提升产业创新发展能级,优化发展空间和布局形态,完善公共服务和基础设施,增强城市品质内涵和服务功能,打造功能完备、协调高效的发展核心,通过产业引领、创新策源和改革示范等形成引领城市群发展的势能。要强化县城在链接新型城镇化与乡村振兴方面的枢纽作用,做大做强县域经济,推进空间布局、产业发展、基础设施、公共服务等在县域的统筹谋划。要立足更小空间尺度的跨城联动,通过都市圈来构建中心城市与城市群发展的纽带,推动出台相关都市圈的发展规划,完善都市圈的合作和交流机制,以都市圈来带动城市群的一体化发展。

第五,加强资源共享,促进区域协调发展。推动基础设施和公共服务在更大空间范围的共享也是城市群所带来的一项重要好处。目前我国教育、医疗等公共服务资源的分布仍然存在较大不均衡,优质的资源主要集中在大城市,应通过城市群的发展使得周边地区更多地享受到这些资源,推动提升居民福祉。要探索建立城市群公共服务的合作共享平台,推动完善教育、医疗等公共服务的转移支付机制,加强各区域资源的对接。同时建立区域联动的社会管理机制,推动社会治理由单个城市向城市群协同治理转变,形成全覆盖的社会管理和服务网络。此外,完善城市群基础设施的衔接和共享能力,统一建设城市群综合的交通和通信网络,打造统一的信息平台和互联互通平台,完善交通智能化管理水平。加强环保基础设施的共享和生态环境联防联治也是城市群发展的优势所在,环境污染本身具有空间外部性的属性,不仅需要本地化的举措,更需要依托城市群加强城市间的合作来协同谋划减污降碳,完善生态保护的合作机制与生态补偿机制,增强综合治理效能。

第六,加强城市合作,完善发展体制机制。推动城市群一体化和高质量发展,要顺势而为,不仅需要"自上而下"的政策推动,也需要"自下而上"完善区域合作的体制机制。要探索多层次、常态化、灵活高效的多区域合作机制,创新区域合作模式,坚持全面统筹与重点推进相结合,及时议定跨区域合作的建设重大事项,协商解决具体问题。加强平台建设和规划衔接,实现重大基础设施无缝对接和共建共享,有效促使区域间人才、技术、市场、供应、项目、信息等资源的多向流通和共享。此外,要重点考虑城市间利益协调,不断完善区域利益协调机制,如推动建立城市群合作发展基金以及围绕重大议题的专项基金;另外要加强财税制度的相关创新,通过税收分成和财政转移支付来进行利益协调,重点建立科学合理的跨省市投资、产业转移、园区共建、科技成果落地等项目的收益分配体制,研究制定产业转移对接企业税收收入分享方法;再者探索建立咨询委员会,形成多方利益的诉求表达机制,对区域合作重大问题提出可行性建议和利益评估。

第七,加强多主体参与,形成城市群发展合力。城市群的发展是一项系统的安排,需要企业、政府以及各类机构等多元主体的共同参与和推动,实现有效市场与有为政府的有机结合,同时发挥高校和科研机构以及商会与行业组织等机构的作用,形成发展合力。要坚持市场配置资源的主体作用,发挥企业在推动城市群一体化发展中的微观主体性,鼓励企业跨区域配置资源,对此要做好服务支持工作,为企业提供更为准确科学的市场信息和通畅渠道。探索建立城市群市场主体信息化和可视化数据平台,实现市场主体信息的共享,建立跨区域市场主体发展形势、跨区域投资与迁移等一批数据分析与应用模型,更好地了解企业跨区域经营的基本情况以及重点行业产业链上下游的分布情况。要搭建学术界、政策界和实践界的交流、合作、对话平台,促进政府、企业、商会、智库等不同部门机构的交流沟通,促进资源整合和信息互动,落实政府推动区域合作的政策举措,服务企业异地投资的现实诉求,发挥商会协调沟通的促进职能,提高智库咨政建言的能力水平。

第三节 未来研究展望

在本书研究基础上,未来的研究可以从以下几个方面来进行扩展和完善:一是城市群的形成伴随着"城市—都市圈—城市群"的结构演进,那么对城市、都市圈、城市群这样的不同区域空间,应该如何从概念上进行辨析,具有哪些异同,此外城市群的发育实际也体现了从行政区向经济功能区的转变,那么如何通过城市群来促进行政边界、经济边界和地理边界的统一,这是应该进一步从理论上来分析的。二是城市群的形成具有一定的标准而不能完全依赖政策的推动,那么我国城市群发育标准如何来判断,对城市群的科学界定和划分仍然是研究的重点工作。三是不同的城市群具有不同的发育背景,也会存在不同的最优发展路径,比如在空间结构、交通网络的构造方面,如何对此进行定量的考察也是要考虑的一个方面。四是基于城市群集聚外部效应,考虑不同城市和城市内不同劳动力的异质性特征,其所受影响可能存在差异,从而不仅影响效率,也会对收入分配结构产生影响,如何更好地发挥中心城市辐射溢出而减少虹吸效应,如何完善城市劳动力市场,需要进一步研究和分析。

参考文献

[1] 安树伟,李瑞鹏.城市群核心城市带动外围地区经济增长了吗?——以京津冀和长三角城市群为例[J].中国软科学,2022,(9):85-96.

[2] 白重恩,杜颖娟,陶志刚,等.地方保护主义及产业地区集中度的决定因素和变动趋势[J].经济研究,2004,(4):29-40.

[3] 白永亮,石磊,党彦龙.长江中游城市群空间集聚与扩散——基于31个城市18个行业的劳动力要素流动检验[J].经济地理,2016,36(11):38-46.

[4] 毕秀晶,宁越敏.长三角大都市区空间溢出与城市群集聚扩散的空间计量分析[J].经济地理,2013,33(1):46-53.

[5] 蔡莉丽,马学广,陈伟劲,等.基于客运交通流的珠三角城市区域功能[J].经济地理,2013,33(11):52-57.

[6] 陈良文,杨开忠,沈体雁,等.经济集聚密度与劳动生产率差异——基于北京市微观数据的实证研究[J].经济学(季刊),2008,8(1):99-114.

[7] 陈敏,桂琦寒,陆铭,等.中国经济增长如何持续发挥规模效应?——经济开放与国内商品市场分割的实证研究[J].经济学(季刊),2007,7(1):125-150.

[8] 陈明华,刘华军,孙亚男.中国五大城市群金融发展的空间差异及分布动态:2003—2013年[J].数量经济技术经济研究,2016,(7):130-144.

[9] 陈强远,钱学锋,李敬子.中国大城市的企业生产率溢价之谜[J].经济研究,2016,51(3):110-122.

[10] 陈群元,宋玉祥.城市群空间范围的综合界定方法研究——以长株潭城市群为例[J].地理科学,2010,30(5):660-666.

[11] 程遥,张艺帅,赵民.长三角城市群的空间组织特征与规划取向探

讨——基于企业联系的实证研究[J]. 城市规划学刊,2016,(4):22-29.

[12] 程玉鸿,苏小敏. 城市网络外部性研究述评[J]. 地理科学进展,2021,40(4):713-720.

[13] 崔功豪. 中国城镇发展研究[M]. 北京:中国建筑工业出版社,1992.

[14] 代合治. 中国城市群的界定及其分布研究[J]. 地域研究与开发,1998,17(2):40-55.

[15] 邓春玉. 珠三角与环珠三角城市群空间经济联系优化研究[J]. 城市问题,2009,(7):19-27.

[16] 邓元慧,欧国立,邢虎松. 城市群形成与演化:基于演化经济地理学的分析[J]. 科技进步与对策,2015,32(6):45-50.

[17] 丁从明,吉振霖,雷雨,等. 方言多样性与市场一体化:基于城市圈的视角[J]. 经济研究,2018,53(11):148-164.

[18] 丁任重,许渤胤,张航. 城市群能带动区域经济增长吗?——基于7个国家级城市群的实证分析[J]. 经济地理,2021,41(5):37-45.

[19] 丁如曦,刘梅,李东坤. 多中心城市网络的区域经济协调发展驱动效应——以长江经济带为例[J]. 统计研究,2020,37(11):93-105.

[20] 丁嵩,孙斌栋. 空间相互作用与城市经济增长——来自长三角的证据[J]. 人口与经济,2016,(4):71-81.

[21] 范剑勇,石灵云. 产业外部性、企业竞争环境与劳动生产率[J]. 管理世界,2009,(8):65-72+187.

[22] 范剑勇. 市场一体化、地区专业化与产业集聚趋势——兼谈对地区差距的影响[J]. 中国社会科学,2004,(6):39-51+204-205.

[23] 范剑勇. 产业集聚与地区间劳动生产率差异[J]. 经济研究,2006,(11):72-81.

[24] 范剑勇,冯猛,李方文. 产业集聚与企业全要素生产率[J]. 世界经济,2014,37(5):51-73.

[25] 范欣,宋冬林,赵新宇. 基础设施建设打破了国内市场分割吗[J]. 经济研究,2017,52(2):20-34.

[26] 范子英,李欣. 部长的政治关联效应与财政转移支付分配[J]. 经济研究,2014,49(6):129-141.

[27] 范子英,张军. 财政分权、转移支付与国内市场整合[J]. 经济研究,

2010,45(3):53-64.

[28] 方创琳.城市群空间范围识别标准的研究进展与基本判断[J].城市规划学刊,2009,(4):1-6.

[29] 方创琳.中国城市群形成发育的新格局及新趋向[J].地理科学,2011,31(11):1025-1034.

[30] 方创琳.中国城市群研究取得的重要进展与未来发展方向[J].地理学报,2014,69(8):1130-1144.

[31] 方创琳,祁巍锋,宋吉涛.中国城市群紧凑度的综合测度分析[J].地理学报,2008,(10):1011-1021.

[32] 符淼.地理距离和技术外溢效应——对技术和经济集聚现象的空间计量学解释[J].经济学(季刊),2009,8(4):1549-1566.

[33] 付强.市场分割促进区域经济增长的实现机制与经验辨识[J].经济研究,2017,52(3):47-60.

[34] 傅十和,洪俊杰.企业规模、城市规模与集聚经济——对中国制造业企业普查数据的实证分析[J].经济研究,2008,43(11):112-125.

[35] 高虹.城市人口规模与劳动力收入[J].世界经济,2014,37(10):145-164.

[36] 高晓路,许泽宁,牛方曲.基于"点-轴系统"理论的城市群边界识别[J].地理科学进展,2015,34(3):280-289.

[37] 顾朝林.中国城市经济区划分的初步研究[J].地理学报,1991,(2):129-141.

[38] 顾朝林.中国城镇体系——历史,现状,展望[M].北京:商务印书馆,1992.

[39] 桂琦寒,陈敏,陆铭,陈钊.中国国内商品市场趋于分割还是整合:基于相对价格法的分析[J].世界经济,2006,(2):20-30.

[40] 郭进,徐盈之,王美昌.金融外部性,技术外部性与中国城市群建设[J].经济学动态,2016,(6):74-84.

[41] 胡艳,唐磊,蔡弘.城市群内部城市间竞争和合作对城市经济发展的影响——基于空间溢出效应对长三角城市群的实证检验[J].西部论坛,2018,28(1):76-83.

[42] 黄金川.基于辐射扩散测度的中国城市群发育格局识别[J].经济地理,2016,36(11):199-206.

[43] 黄新飞,舒元,郑华懋.中国城市边界效应下降了吗?——基于一价定律的研究[J].经济学(季刊),2013,(4):1369-1386.

[44] 黄赜琳,王敬云.基于产业结构区际贸易壁垒的实证分析[J].财经研究,2007,(3):4-16.

[45] 金祥荣,赵雪娇.中心城市的溢出效应与城市经济增长——基于中国城市群2000—2012年市级面板数据的经验研究[J].浙江大学学报(人文社会科学版),2016,46(5):170-181.

[46] 柯善咨.中国城市与区域经济增长的扩散回流与市场区效应[J].经济研究,2009,44(8):85-98.

[47] 柯善咨,赵曜.产业结构,城市规模与中国城市生产率[J].经济研究,2014,49(4):76-88+115.

[48] 李佳洺,张文忠,孙铁山,张爱平.中国城市群集聚特征与经济绩效[J].地理学报,2014,69(4):474-484.

[49] 李春玲.社会政治变迁与教育机会不平等——家庭背景及制度因素对教育获得的影响(1940—2001)[J].中国社会科学,2003,(3):86-98+207.

[50] 李刚.功能分工,经济集聚空间溢出视角下城市群多中心性研究[J].城市问题,2022,(10):45-54.

[51] 李宏斌,孟岭生,施新政,等.父母的政治资本如何影响大学生在劳动力市场中的表现?——基于中国高校应届毕业生就业调查的经验研究[J].经济学(季刊),2012,11(3):1011-1026.

[52] 李嘉楠,孙浦阳,唐爱迪.贸易成本,市场整合与生产专业化——基于商品微观价格数据的验证[J].管理世界,2019,35(8):30-43+83+190.

[53] 李培鑫.城市群的演进规律和一体化发展特征分析[J].上海城市管理,2019,28(5):15-20.

[54] 李培鑫,张学良.长三角空间结构特征及空间一体化发展研究[J].安徽大学学报(哲学社会科学版),2019,43(2):148-156.

[55] 李培鑫,张学良.城市群集聚空间外部性与劳动力工资溢价[J].管理世界,2021,(11):121-136+183+9.

[56] 李善同,侯永志,刘云中,等.中国国内地方保护问题的调查与分析[J].经济研究,2004,(11):78-84+95.

[57] 李学鑫,苗长虹.城市群产业结构与分工的测度研究——以中原城市群

为例[J].人文地理,2006,(4):25-28+122.
[58] 李学鑫,苗长虹.城市群经济的性质与来源[J].城市问题,2010,(10):16-22.
[59] 李雪松,张雨迪,孙博文.区域一体化促进了经济增长效率吗?——基于长江经济带的实证分析[J].中国人口.资源与环境,2017,27(1):10-19.
[60] 李煜伟,倪鹏飞.外部性,运输网络与城市群经济增长[J].中国社会科学,2013,(3):22-42+203-204.
[61] 梁婧,张庆华,龚六堂.城市规模与劳动生产率:中国城市规模是否过小?——基于中国城市数据的研究[J].经济学(季刊),2015,14(3):1053-1072.
[62] 梁琦,钱学锋.外部性与集聚:一个文献综述[J].世界经济,2007,(2):84-96.
[63] 梁文泉,陆铭.城市人力资本的分化:探索不同技能劳动者的互补和空间集聚[J].经济社会体制比较,2015,(3):185-197.
[64] 林柄全,谷人旭,王俊松,等.从集聚外部性走向跨越地理边界的网络外部性——集聚经济理论的回顾与展望[J].城市发展研究,2018,25(12):82-89.
[65] 林柄全,孙斌栋.网络外部性对企业生产率的影响研究——以中国汽车制造业集群网络为例[J].地理研究,2022,41(9):2385-2403.
[66] 林细细,张海峰,张铭洪.城市经济圈对区域经济增长的影响——基于中心-外围理论的研究[J].世界经济文汇,2018,(4):66-83.
[67] 林先扬,周春山.论城市群经济整合内涵、特征及其空间过程[J].经济地理,2006,(1):70-73.
[68] 刘海洋,刘玉海,袁鹏.集群地区生产率优势的来源识别:集聚效应抑或选择效应[J].经济学(季刊),2015,14(3):1073-1092.
[69] 刘静玉,王发曾.城市群形成发展的动力机制研究[J].开发研究,2004,(6):66-69.
[70] 刘静玉,王发曾.我国城市群经济整合的理论与实践[J].城市发展研究,2005,(4):15-19+10.
[71] 刘凯,吴怡,王晓瑜,等.中国城市群空间结构对大气污染的影响[J].中国人口·资源与环境,2020,30(10):28-35.

[72] 刘乃全,胡羽琦.区域一体化可以缩小城市间收入差距吗?——来自长三角地区的经验证据[J].浙江社会科学,2022,(10):12-24+155.

[73] 刘乃全,胡羽琦,周闽军,等.区域一体化与城市内部地区收入差距——基于长三角地级市数据的经验研究[J].经济与管理评论,2023,39(1):14-29.

[74] 刘乃全,吴友.长三角扩容能促进区域经济共同增长吗[J].中国工业经济,2017,(6):79-97.

[75] 刘培林.地方保护和市场分割的损失[J].中国工业经济,2005,(4):69-76.

[76] 刘倩,朱书尚,吴非.城市群政策能否促进区域金融协调发展?——基于方言视角下的实证检验[J].金融研究,2020,(3):39-57.

[77] 刘瑞明.国有企业,隐性补贴与市场分割:理论与经验证据[J].管理世界,2012,(4):21-32.

[78] 刘瑞明,赵仁杰.国家高新区推动了地区经济发展吗?——基于双重差分方法的验证[J].管理世界,2015,(8):30-38.

[79] 刘望保,石恩名.基于ICT的中国城市间人口日常流动空间格局——以百度迁徙为例[J].地理学报,2016,71(10):1667-1679.

[80] 刘修岩.集聚经济与劳动生产率:基于中国城市面板数据的实证研究[J].数量经济技术经济研究,2009,26(7):109-119.

[81] 刘修岩,陈子扬.城市体系中的规模借用与功能借用——基于网络外部性视角的实证检验[J].城市问题,2017,(12):12-19.

[82] 刘修岩,李松林,秦蒙.城市空间结构与地区经济效率——兼论中国城镇化发展道路的模式选择[J].管理世界,2017,(1):51-64.

[83] 刘修岩,殷醒民.空间外部性与地区工资差异:基于动态面板数据的实证研究[J].经济学(季刊),2008,8(1):77-98.

[84] 刘叶,刘伯凡.生产性服务业与制造业协同集聚对制造业效率的影响——基于中国城市群面板数据的实证研究[J].经济管理,2016,38(6):16-28.

[85] 刘迎霞.空间效应与中国城市群发展机制探究[J].河南大学学报(社会科学版),2010,50(2):40-44.

[86] 刘毓芸,戴天仕,徐现祥.汉语方言,市场分割与资源错配[J].经济学(季刊),2017,16(4):1583-1600.

[87] 陆大道.工业的点轴开发模式与长江流域经济发展[J].学习与实践,1985,(2):37-39.

[88] 陆军,毛文峰.城市网络外部性的崛起:区域经济高质量一体化发展的新机制[J].经济学家,2020,(12):62-70.

[89] 陆铭.城市,区域和国家发展——空间政治经济学的现在与未来[J].经济学(季刊),2017,16(4):1499-1532.

[90] 陆铭,陈钊.分割市场的经济增长——为什么经济开放可能加剧地方保护[J].经济研究,2009,44(3):42-52.

[91] 陆铭,陈钊,严冀.收益递增,发展战略与区域经济的分割[J].经济研究,2004,(1):54-63.

[92] 陆铭,高虹,佐藤宏.城市规模与包容性就业[J].中国社会科学,2012,(10):47-66+206.

[93] 陆铭,向宽虎,陈钊.中国的城市化和城市体系调整:基于文献的评论[J].世界经济,2011,34(6):3-25.

[94] 罗守贵,金芙蓉.都市圈内部城市间的共生机制[J].系统管理学报,2012,21(5):704-709+720.

[95] 罗震东,何鹤鸣,耿磊.基于客运交通流的长江三角洲功能多中心结构研究[J].城市规划学刊,2011,(2):16-23.

[96] 吕冰洋,贺颖.迈向统一市场:基于城市数据对中国商品市场分割的测算与分析[J].经济理论与经济管理,2020,(4):13-25.

[97] 吕越,盛斌,吕云龙.中国的市场分割会导致企业出口国内附加值率下降吗[J].中国工业经济,2018,(5):5-23.

[98] 马海涛.知识流动空间的城市关系建构与创新网络模拟[J].地理学报,2020,75(4):708-721.

[99] 马弘,乔雪,徐嫄.中国制造业的就业创造与就业消失[J].经济研究,2013,48(12):68-80.

[100] 马燕坤.城市群功能空间分工形成的演化模型与实证分析[J].经济管理,2016,38(12):31-46.

[101] 毛其淋,盛斌.对外经济开放,区域市场整合与全要素生产率[J].经济学(季刊),2012,11(1):181-210.

[102] 孟可强,陆铭.中国的三大都市圈:辐射范围及差异[J].南方经济,2011,(2):3-15.

[103] 孟美侠,李培鑫,艾春荣,等.城市工资溢价:群聚,禀赋和集聚经济效应——基于近邻匹配法的估计[J].经济学(季刊),2019,18(2):505-526.

[104] 苗长虹,王海江.中国城市群发展态势分析[J].城市发展研究,2005,(4):11-14.

[105] 苗洪亮,周慧.城际联系强度对城市群经济效率的影响:对中国十大城市群的实证分析[J].产经评论,2018,9(5):139-152.

[106] 倪鹏飞.中国城市竞争力报告[M].北京:社会科学文献出版社,2008.

[107] 宁越敏.中国都市区和大城市群的界定——兼论大城市群在区域经济发展中的作用[J].地理科学,2011,31(3):257-263.

[108] 潘竟虎,赖建波.中国城市间人口流动空间格局的网络分析——以国庆-中秋长假和腾讯迁徙数据为例[J].地理研究,2019,38(7):1678-1693.

[109] 潘竟虎,刘伟圣.基于腹地划分的中国城市群空间影响范围识别[J].地球科学进展,2014,29(3):352-360.

[110] 潘文卿.中国的区域关联与经济增长的空间溢出效应[J].经济研究,2012,47(1):54-65.

[111] 庞晶,叶裕民.城市群形成与发展机制研究[J].生态经济,2008,(2):97-99.

[112] 彭坤焘,赵民.大都市区空间演进的机理研究——"空间-经济一体化分析框架"的建构与应用[J].城市规划学刊,2015,(5):20-29.

[113] 钱肖颖,孙斌栋.基于城际创业投资联系的中国城市网络结构和组织模式[J].地理研究,2021,40(2):419-430.

[114] 钱学锋,梁琦.本地市场效应:理论和经验研究的新近进展[J].经济学(季刊),2007,6(3):969-990.

[115] 乔彬,李国平.城市群形成的产业机理[J].经济管理,2006,(22):78-83.

[116] 师博,沈坤荣.市场分割下的中国全要素能源效率:基于超效率DEA方法的经验分析[J].世界经济,2008,(9):49-59.

[117] 石敏俊,张瑜,郑丹.城市群空间结构对地区间收入差距的影响研究[J].经济纵横,2023,(2):90-101.

[118] 宋冬林,姚常成.经济区发展规划的实施促进了城市群的包容性增长吗?——来自我国六大国家级城市群的经验证据[J].求是学刊,2018,45(2):27-38+173.

[119] 宋吉涛,方创琳,宋敦江.中国城市群空间结构的稳定性分析[J].地理学报,2006,(12):1311-1325.

[120] 宋吉涛,赵晖,陆军,等.基于投入产出理论的城市群产业空间联系[J].地理科学进展,2009,28(6):932-943.

[121] 苏红键,赵坚.产业专业化,职能专业化与城市经济增长——基于中国地级单位面板数据的研究[J].中国工业经济,2011,(4):25-34.

[122] 孙斌栋,丁嵩.大城市有利于小城市的经济增长吗?——来自长三角城市群的证据[J].地理科学,2016,35(9):1615-1625.

[123] 孙浦阳,武力超,张伯伟.空间集聚是否总能促进经济增长:不同假定条件下的思考[J].世界经济,2011,34(10):3-20.

[124] 孙铁山,张洪鸣,李佳洺.城市网络联系对城市群空间体系集聚水平的影响——基于2003—2018年中国12个城市群面板数据的实证[J].地理研究,2022,41(9):2350-2366.

[125] 唐子来,李涛.长三角地区和长江中游地区的城市体系比较研究:基于企业关联网络的分析方法[J].城市规划学刊,2014,(2):24-31.

[126] 汪阳红,贾若祥.我国城市群发展思路研究——基于三大关系视角[J].经济学动态,2014,(2):74-83.

[127] 王方方,李香桃.粤港澳大湾区城市群空间结构演化机制及协同发展——基于高铁网络数据[J].城市问题,2020,(1):43-52.

[128] 王建国,李实.大城市的农民工工资水平高吗[J].管理世界,2015,(1):51-62.

[129] 王金哲,温雪.单中心还是多中心——城市群空间结构与创新能力研究[J].宏观经济研究,2022,(9):87-96.

[130] 王俊松.集聚经济、相关性多样化与城市经济增长——基于279个地级及以上城市面板数据的实证分析[J].财经研究,2016,42(5):135-144.

[131] 王丽,邓羽,牛文元.城市群的界定与识别研究[J].地理学报,2013,68(8):1059-1070.

[132] 王少剑,高爽,王宇渠.基于流空间视角的城市群空间结构研究——以

珠三角城市群为例[J].地理研究,2019,38(8):1849-1861.

[133] 王贤彬,吴子谦.城市群中心城市驱动外围城市经济增长[J].产业经济评论,2018,(03):54-71.

[134] 王小鲁.中国城市化路径与城市规模的经济学分析[J].经济研究,2010,45(10):20-32.

[135] 王艺晓,孙斌栋,张婷麟.中国城市群城市生产性服务功能与地理距离:网络外部性的视角[J].地理研究,2022,41(9):2418-2432.

[136] 王永钦,张晏,章元,等.中国的大国发展道路——论分权式改革的得失[J].经济研究,2007,(1):4-16.

[137] 魏后凯.大都市区新型产业分工与冲突管理——基于产业链分工的视角[J].中国工业经济,2007,(2):28-34.

[138] 魏守华,李婷,汤丹宁.双重集聚外部性与中国城市群经济发展[J].经济管理,2013,35(9):30-40.

[139] 巫细波,赖长强.基于POI大数据的城市群功能空间结构特征研究——以粤港澳大湾区为例[J].城市观察,2019,(3):44-55.

[140] 吴福象,刘志彪.城市化群落驱动经济增长的机制研究——来自长三角16个城市的经验证据[J].经济研究,2008,43(11):126-136.

[141] 吴三忙,李善同.市场一体化、产业地理集聚与地区专业分工演变——基于中国两位码制造业数据的实证分析[J].产业经济研究,2010,(6):7-16.

[142] 吴玉鸣.县域经济增长集聚与差异:空间计量经济实证分析[J].世界经济文汇,2007,(2):37-57.

[143] 谢露露.产业集聚和工资"俱乐部":来自地级市制造业的经验研究[J].世界经济,2015,38(10):148-168.

[144] 徐保昌,谢建国.市场分割与企业生产率:来自中国制造业企业的证据[J].世界经济,2016,39(1):95-122.

[145] 徐现祥,李郇.市场一体化与区域协调发展[J].经济研究,2005,(12):57-67.

[146] 徐现祥,刘毓芸,肖泽凯.方言与经济增长[J].经济学报,2015,2(2):1-32.

[147] 宣烨.生产性服务业空间集聚与制造业效率提升——基于空间外溢效应的实证研究[J].财贸经济,2012,(4):121-128.

[148] 薛东前,姚士谋.关中城市群的功能联系与结构优化[J].经济地理,2000,(6):52-55+60.

[149] 颜银根,文洋.城市群规划能否促进地区产业发展?——基于新地理经济学的研究[J].经济经纬,2017,34(2):1-6.

[150] 姚常成,宋冬林.借用规模,网络外部性与城市群集聚经济[J].产业经济研究,2019,(2):76-87.

[151] 姚常成,吴康.集聚外部性,网络外部性与城市创新发展[J].地理研究,2022,41(9):2330-2349.

[152] 姚士谋,陈振光,朱英明.中国城市群[M].合肥:中国科学技术大学出版社,1992.

[153] 叶静怡,林佳,姜蕴璐.知识溢出,距离与创新——基于长三角城市群的实证分析[J].世界经济文汇,2016,(3):21-41.

[154] 银温泉,才婉茹.我国地方市场分割的成因和治理[J].经济研究,2001,(6):3-12+95.

[155] 于斌斌,金刚.中国城市结构调整与模式选择的空间溢出效应[J].中国工业经济,2014,(2):31-44.

[156] 于斌斌,郭东.城市群空间结构的经济效率:理论与实证[J].经济问题探索,2021,(7):148-164.

[157] 于洪俊,宁越敏.城市地理概论[M].合肥:安徽科学技术出版社,1983.

[158] 余静文,王春超.转型时期中国城市圈的经济绩效[J].当代经济科学,2010,32(5):103-112+128.

[159] 余静文,王春超.城市圈驱动区域经济增长的内在机制分析——以京津冀,长三角和珠三角城市圈为例[J].经济评论,2011,(1):69-78+126.

[160] 余静文,赵大利.城市群落的崛起,经济绩效与区域收入差距——基于京津冀,长三角和珠三角城市圈的分析[J].中南财经政法大学学报,2010,(4):15-20+142.

[161] 余泳泽,刘大勇,宣烨.生产性服务业集聚对制造业生产效率的外溢效应及其衰减边界——基于空间计量模型的实证分析[J].金融研究,2016,(2):23-36.

[162] 余壮雄,杨扬.大城市的生产率优势:集聚与选择[J].世界经济,

2014,37(10):31-51.
[163] 袁晓玲,李勇.城市群能否提高城市全要素能源效率——以中国十大城市群为例[J].科技进步与对策,2015,32(20):38-43.
[164] 原倩.城市群是否能够促进城市发展[J].世界经济,2016,39(9):99-123.
[165] 曾鹏,陈芬.我国十大城市群等级规模结构特征比较研究[J].科技进步与对策,2013,30(5):42-46.
[166] 曾鹏,黄图毅,阙菲菲.中国十大城市群空间结构特征比较研究[J].经济地理,2011,31(4):603-608.
[167] 张浩然.地理距离,集聚外部性与劳动生产率——基于城市数据的空间面板计量分析[J].南方经济,2012,(2):15-26.
[168] 张浩然.空间溢出视角下的金融集聚与城市经济绩效[J].财贸经济,2014,(9):51-61.
[169] 张浩然,衣保中.城市群空间结构特征与经济绩效——来自中国的经验证据[J].经济评论,2012,(1):42-47+115.
[170] 张洪鸣,孙铁山.中国城市群城市经济增长的网络外部性及其作用机制[J].经济与管理研究,2022,43(2):48-64.
[171] 张虹鸥,叶玉瑶,陈绍愿.珠江三角洲城市群城市规模分布变化及其空间特征[J].经济地理,2006,(5):806-809.
[172] 张京祥.城镇群体空间组合[M].南京:东南大学出版社,2000.
[173] 张军,吴桂英,张吉鹏.中国省际物质资本存量估算:1952—2000[J].经济研究,2004,(10):35-44.
[174] 张倩,胡云锋,刘纪远,等.基于交通,人口和经济的中国城市群识别[J].地理学报,2011,66(6):761-770.
[175] 张荣天.长三角城市群网络结构时空演变分析[J].经济地理,2017,37(2):46-52.
[176] 张鑫,沈清基,李豫泽.中国十大城市群差异性及空间结构特征研究[J].城市规划学刊,2016,(3):36-44.
[177] 张学良.长三角地区经济收敛及其作用机制:1993—2006[J].世界经济,2010,33(3):126-140.
[178] 张学良.中国区域经济转变与城市群经济发展[J].学术月刊,2013,45(7):107-112.

[179] 张学良,李培鑫.城市群经济机理与中国城市群竞争格局[J].探索与争鸣,2014,(9):59-63.

[180] 张学良,李培鑫,李丽霞.政府合作,市场整合与城市群经济绩效——基于长三角城市经济协调会的实证检验[J].经济学(季刊),2017,16(4):1563-1582.

[181] 张学良,杨朝远.论中国城市群资源环境承载力[J].学术月刊,2014,46(9):64-70.

[182] 张学良.2015年中国区域经济发展报告——中国城市群可持续发展[M].北京:人民出版社,2016.

[183] 张学良,等.长三角城市群研究[M].北京:经济科学出版社,2021.

[184] 张亚斌,黄吉林,曾铮.城市群、"圈层"经济与产业结构升级——基于经济地理学理论视角的分析[J].中国工业经济,2006,(12):45-52.

[185] 赵渺希,黎智枫,钟烨.中国城市群多中心网络的拓扑结构[J].地理科学进展,2016,35(3):376-388.

[186] 赵娜,王博,刘燕.城市群,集聚效应与"投资潮涌"——基于中国20个城市群的实证研究[J].中国工业经济,2017,(11):81-99.

[187] 赵奇伟,熊性美.中国三大市场分割程度的比较分析:时间走势与区域差异[J].世界经济,2009,(6):41-53.

[188] 赵伟,张萃.市场一体化与中国制造业区域集聚变化趋势研究[J].数量经济技术经济研究,2009,26(2):18-32.

[189] 赵新平,周一星.改革以来中国城市化道路及城市化理论研究述评[J].中国社会科学,2002,(2):132-138.

[190] 赵映慧,谌慧倩,远芳,等.基于QQ群网络的东北地区城市联系特征与层级结构[J].经济地理,2017,37(3):49-54.

[191] 赵勇,白永秀.中国城市群功能分工测度与分析[J].中国工业经济,2012,(11):18-30.

[192] 赵勇,魏后凯.政府干预,城市群空间功能分工与地区差距——兼论中国区域政策的有效性[J].管理世界,2015,(8):14-29+187.

[193] 赵玉奇,柯善咨.市场分割,出口企业的生产率准入门槛与"中国制造"[J].世界经济,2016,39(9):74-98.

[194] 赵曜,柯善咨.筛选效应,异质企业内生集聚与城市生产率[J].财贸经济,2017,38(3):52-66.

[195] 郑文升,杜南乔,杨瑶,等.长江中游城市群空间结构的多分形特征[J].地理学报,2022,77(4):947-959.

[196] 郑毓盛,李崇高.中国地方分割的效率损失[J].中国社会科学,2003,(1):64-72+205.

[197] 种照辉,覃成林,叶信岳.城市群经济网络与经济增长——基于大数据与网络分析方法的研究[J].统计研究,2018,35(1):13-21.

[198] 周宏浩,谷国锋.外部性视角下中国城市网络演化及其环境效应研究[J].地理研究,2022,41(1):268-285.

[199] 周黎安.晋升博弈中政府官员的激励与合作——兼论我国地方保护主义和重复建设问题长期存在的原因[J].经济研究,2004,(6):33-40.

[200] 周黎安,陈烨.中国农村税费改革的政策效果:基于双重差分模型的估计[J].经济研究,2005,(8):44-53.

[201] 周晓波,倪鹏飞.城市群体系的规模分布结构及其经济增长效应[J].社会科学研究,2018,(2):64-71.

[202] 周一星.中国的城市体系和区域倾斜战略探讨:见中国城市化道路宏观研究[M].哈尔滨:黑龙江人民出版社,1991.

[203] 周振华.全球城市区域:全球城市发展的地域空间基础[J].天津社会科学,2007,(1):67-71+79.

[204] 朱惠斌,李贵才.基于功能网络的珠三角区域经济空间格局[J].经济地理,2015,35(2):1-6.

[205] 朱希伟,金祥荣,罗德明.国内市场分割与中国的出口贸易扩张[J].经济研究,2005,(12):68-76.

[206] 朱小川,吴建伟,吴培培,等.引力模型的扩展形式及对中国城市群内部联系的测度研究[J].城市发展研究,2015,22(9):43-50.

[207] 朱英明.我国城市群地域结构特征及发展趋势研究[J].城市规划汇刊,2001,(4):55-57+80.

[208] 踪家峰,周亮.大城市支付了更高的工资吗[J].经济学(季刊),2015,14(4):1467-1496.

[209] Abdel-Rahman H M. Shareable inputs, product variety, and city sizes[J]. Journal of Regional Science, 1990, 30: 359-374.

[210] Abdel-Rahman H M, Fujita M. Specialization and diversification in a system of cities[J]. Journal of Urban Economics, 1993, 33(2):

189-222.

[211] Acemoglu D, Garcia-Jimeno C, Robinson J A. State capacity and economic development: a network approach[J]. American Economic Review, 2015, 105(8): 2364-2409.

[212] Adamson D W, Clark D E, Partridge M D. Do urban agglomeration effects and household amenities have a skill bias[J]. Journal of Regional Science, 2004, 44(2): 201-224.

[213] Alonso W. Urban zero population growth[J]. Daedalus, 1973, 102(4): 191-206.

[214] Anas A, Xiong K. Intercity trade and the industrial diversification of cities[J]. Journal of Urban Economics, 2003, 54(2): 258-276.

[215] Au C C, Henderson J V. Are Chinese cities too small[J]. The Review of Economic Studies, 2006, 73(3): 549-576.

[216] Basile R, Pittiglio R, Reganati F. Do agglomeration externalities affect firm survival[J]. Regional Studies, 2017, 51(4): 548-562.

[217] Batten D F. Network cities: creative urban agglomerations for the 21st century[J]. Urban studies, 1995, 32(2): 313-327.

[218] Baum-Snow N, Pavan R. Understanding the city size wage gap[J]. The Review of Economic Studies, 2012, 79(1): 88-127.

[219] Behrens K, Robert-Nicoud F. Agglomeration theory with heterogeneous agents[J]. In Handbook of Regional and Urban Economics, 2015, 5: 171-245.

[220] Bertinelli L, Black D. Urbanization and growth[J]. Journal of Urban Economics, 2004, 56(1): 80-96.

[221] Black D, Henderson J V. A theory of urban growth[J]. Journal of Political Economy, 1999, 107(2): 252-284.

[222] Boix R, Trullén J. Knowledge, networks of cities and growth in regional urban systems[J]. Regional Science, 2007, 86(4): 551-574.

[223] Brandt L, Van Biesebroeck J, Zhang Y. Creative accounting or creative destruction? Firm-level productivity growth in chinese manufacturing[J]. Journal of Development Economics, 2012, 97

(2): 339-351.

[224] Burger M J, Meijers E J, Hoogerbrugge M M, Tresserra J M. Borrowed size, agglomeration shadows and cultural amenities in north-west Europe[J]. European Planning Studies, 2015, 23(6): 1090-1109.

[225] Burger M J, Meijers E J. Agglomerations and the rise of urban network externalities[J]. Regional Science, 2016, 95(1): 5-15.

[226] Burger M J, van Oort F G, van der Knaap B. A treatise on the geographical scale of agglomeration externalities and the modifiable areal unit problem[E]. Working paper, 2008.

[227] Camagni R, Capello R, Caragliu A. The rise of second-rank cities: what role for agglomeration economies[J]. European Planning Studies, 2015, 23(6): 1069-1089.

[228] Capello R. The city network paradigm: measuring urban network externalities[J]. Urban Studies, 2000, 37(11): 1925-1945.

[229] Card D. The causal effect of education on earnings[J]. Handbook of Labor Economics, 1999, (3): 1801-1863.

[230] Cefis E, Marsili O. Survivor: the role of innovation in firms' survival[J]. Research Policy, 2006, 35(5): 626-641.

[231] Ciccone A, Hall R. Productivity and the density of economic activity [J]. American Economic Review, 1996, 86(1): 54-70.

[232] Combes P P. Economic structure and local growth: France, 1984-1993[J]. Journal of Urban Economics, 2000, 47(3): 329-355.

[233] Combes P P, Duranton G, Gobillon L. Spatial wage disparities: sorting matters[J]. Journal of Urban Economics, 2008, 63(2): 723-742.

[234] Combes P P, Duranton G, Gobillon L. The identification of agglomeration economies[J]. Journal of Economic Geography, 2011, (11): 253-266.

[235] Combes P P, Duranton G, Gobillon L, Puga G, Roux S. The productivity advantages of large cities: distinguishing agglomeration from firm selection[J]. Econometrica, 2012, 80(6): 2543-2594.

[236] Combes P P, Duranton G, Gobillon L, Roux S. Sorting and local wage and skill distributions in France[J]. Regional Science and Urban Economics, 2012, 42(6): 913-930.

[237] Combes P P, Gobillon L. The empirics of agglomeration economies [J]. In Handbook of Regional and Urban Economics, 2015, 5: 247-348.

[238] Cox K R. The problem of metropolitan governance and the politics of scale[J]. Regional Studies, 2010, 44(2): 215-227.

[239] D'Costa S, Overman H G. The urban wage growth premium: sorting or learning[J]. Regional Science and Urban Economics, 2014, 48: 168-179.

[240] De la Roca J, Puga D. Learning by working in big cities[J]. The Review of Economics Studies, 2017, 84(1): 106-142.

[241] De Silva D, McComb R P. Geographic concentration and high tech firm survival[J]. Regional Science and Urban Economics, 2012, 42 (4): 691-701.

[242] Diamond R. The determinants and welfare implications of US workers' diverging location choices by skill: 1980-2000[J]. The American Economic Review, 2016, 106(3): 479-524.

[243] Dixit A K, Stiglitz J E. Monopolistic competition and optimum product diversity[J]. The American Economic Review, 1977, 67 (3): 297-308.

[244] Doxiadis C A. Man's movement and his settlements [J]. International Journal of Environmental Studies, 1970, 1(1-4): 19-30.

[245] Duranton G, Overman H G. Testing for localization using micro-geographic data[J]. The Review of Economic Studies, 2005, 72(4): 1077-1106.

[246] Duranton G, Puga D. Micro-foundations of urban agglomeration economies[J]. Handbook of Regional and Urban Economics, 2004, (4): 2063-2117.

[247] Duranton G, Puga D. From sectoral to functional urban

specialization[J]. Journal of urban Economics, 2005, 57(2): 343 - 370.

[248] Eisingerich A B, Bell S J, Tracey P. How can clusters sustain performance? The role of network strength, network openness, and environmental uncertainty[J]. Research Policy, 2010, 39(2): 239 - 253.

[249] Ellison G, Glaeser E. Geographic concentration in U. S. manufacturing industries: a dartboard approach[J]. Journal of Political Economy, 1997, (105): 889 - 927.

[250] Esteve-Pérez S, Pieri F, Rodriguez D. Age and productivity as determinants of firm survival over the industry life cycle [J]. Industry and Innovation, 2018, 25(2): 167 - 198.

[251] Fischer M M, Stirböck C. Pan-European regional income growth and club-convergence[J]. The Annals of Regional Science, 2006, 40 (4): 693 - 721.

[252] Florida R, Gulden T, Mellander C. The rise of the mega-region[J]. Cambridge Journal of Regions Economy and Society, 2008, 1(3): 459 - 476.

[253] Frenken K, Van Oort F, Verburg T. Related variety, unrelated variety and regional economic growth[J]. Regional Studies, 2007, 41(5): 685 - 697.

[254] Friedmann J. Regional development policy: a case study of Venezuela[M]. Cambridge: MIT Press, 1966.

[255] Fu S, Ross S L. Wage premium in employment clusters: how important is worker heterogeneity[J]. Journal of Labor Economics, 2013, 31(2): 271 - 304.

[256] Fujita M, Krugman P, Mori T. On the evolution of hierarchical urban systems[J]. European Economic Review, 1999, 43(2): 209 - 251.

[257] Fujita M, Krugman P, Venables A. The spatial economy: cities, regions and international trade[M]. Cambridge : MIT Press, 1999.

[258] Fujita M, Mori T. Structural stability and evolution of urban

systems[J]. Regional Science and Urban Economics, 1997, 27(4): 399-442.

[259] Fujita M, Mori T. Frontiers of the new economic geography[J]. Papers in Regional Science, 2005, 84(3): 377-405.

[260] Geddes P. Cities in evolution: an introduction to the town planning movement and to the study of civics[M]. London: Williams, 1915.

[261] Glaeser E L, Kallal H D, Scheinkman J A, Shleifer A. Growth in cities[J]. Journal of Political Economy, 1992, 100(6): 1126-1152.

[262] Glaeser E L, Ponzett G A M, Zou Y. Urban networks: connecting markets, people, and ideas[J]. Regional Science, 2016, 95(1): 17-59.

[263] Glaeser E, Maré D. Cities and skills[J]. Journal of Labor Economics, 2001, 19(2): 316-342.

[264] Gottmann J. Megalopolis or the urbanization of the northeastern seaboard[J]. Economic Geography, 1957, 33(3): 189-220.

[265] Green N. Functional polycentricity: a formal definition in terms of social network analysis[J]. Urban Studies, 2007, 44(11): 2077-2103.

[266] Hall P G, Pain K. The polycentric metropolis: learning from megacity regions in Europe[M]. London: Routledge, 2006.

[267] He C, Yang R. Determinants of firm failure: empirical evidence from China[J]. Growth and Change, 2016, 47(1): 72-92.

[268] Heeg S, Klagge B, Ossenbruügge J. Metropolitan cooperation in Europe: theoretical issues and perspectives for urban networking [J]. European Planning Studies, 2003, 11(2): 139-153.

[269] Heim S, Hüschelrathb K, Schmidt-Denglerb P, Strazzerie M. The Impact of state aid on the survival and financial viability of aided firms[J]. European Economic Review, 2017, 100: 193-214.

[270] Henderson J V. The sizes and types of cities[J]. American Economic Review, 1974, 64(4): 640-656.

[271] Henderson J V. The urbanization process and economic growth: the so-what question[J]. Journal of Economic Growth, 2003, 8(1):

47-71.

[272] Henderson V, Kuncoro A, Turner M. Industrial development in cities[J]. Journal of Political Economy, 1995, 103(5): 1067-1090.

[273] Howard E. Garden Cities of To-morrow[M]. London: Swan Sonnenschein & Co, 1898.

[274] Howell A. Marshallian sources of relatedness and their effects on firm survival and subsequent success in China[J]. Economic Geography, 2017, 93(4): 346-366.

[275] Howell A, He C, Yang R, Fan C C. Agglomeration, (un)related variety and new firm survival in China: do local subsidies matter[J]. Papers in Regional Science, 2018, 97(3): 485-500.

[276] Huff D L, Lutz J M. Change and continuity in the Irish urban system, 1966-1981[J]. Urban Studies, 1995, 32(1): 155-173.

[277] Isard W. Location and space-economy: a general theory relating to industrial location, market areas, land use, trade, and urban structure[M]. Cambridge: The MIT Press, 1956.

[278] Jacobs J. The economy of cities[M]. London: Vintage, 1969.

[279] Johansson B, Quigley J M. Agglomeration and networks in spatial economies[J]. Regional Science, 2004, 83(1): 165-176.

[280] Ke S. Domestic market integration and regional economic growth—China's recent experience from 1995-2011[J]. World Development, 2015, 66: 588-597.

[281] Krashinsky H. Urban Agglomeration, wages and selection: evidence from samples of siblings[J]. Labour Economics, 2011, 18(1): 79-92.

[282] Krugman P. Increasing returns and economic geography[J]. Journal of Political Economy, 1991, 99(3): 483-499.

[283] Kunzmann K R, Wegener M. The pattern of urbanization in western Europe[J]. Ekistics, 1991, 350(351): 282-291.

[284] Lee S. Ability sorting and consumer city[J]. Journal of Urban Economics, 2010, 68(1): 20-33.

[285] Levinsohn J, Petrin A. Estimating production functions using inputs

to control for unobservables[J]. The Review of Economic Studies, 2003, 70(2): 317-341.

[286] Li J, Lin B. Does energy and CO2 emissions performance of China benefit from regional integration[J]. Energy Policy, 2017, 101: 366-378.

[287] Li J, Zhang P, He J, et al. The spatial agglomeration and industrial network of strategic emerging industries and their impact on urban growth in mainland China[J]. Complexity, 2021.

[288] Li P, Li L, Xie Y, Zhang X. Investigating the effects of market segmentation on firm survival and their heterogeneities in China[J]. Growth and Change, 2021, 52(4): 2614-2634.

[289] Li Y, Wu F. Understanding city-regionalism in China: regional cooperation in the Yangtze River Delta[J]. Regional Studies, 2018, 52(3): 313-324.

[290] Liu X, Derudder B, Wu K. Measuring polycentric urban development in China: an intercity transportation network perspective[J]. Regional Studies, 2015, 50(8): 1-14.

[291] Lu J, Sun D. Spatiotemporal evolution and complexity of urban networks in China, 1978-2019: an enterprise linkages perspective [J]. Complexity, 2021, (2): 1-15.

[292] Ma H, Li Y, Huang X. Proximity and the evolving knowledge polycentricity of megalopolitan science: evidence from China's Guangdong-Hong Kong-Macao Greater Bay Area, 1990-2016[J]. Urban Studies, 2021, 58(12): 2405-2423.

[293] Marshall A. Principles of economics[M]. London: Prometheus Books, 1890.

[294] Maskell P. Towards a knowledge-based theory of the geographical cluster[J]. Industrial and Corporate Change, 2001, 10(4): 921-943.

[295] McGee T G. The emergence of desakota regions in Asia: expanding a hypothesis[M]. Hawaii: University of Hawaii Press, 1991.

[296] Meijers E. Polycentric urban regions and the quest for synergy: is a

network of cities more than the sum of the parts[J]. Urban Studies, 2005, 42(4): 765 - 781.

[297] Meijers E J, Burger M J. Spatial structure and productivity in US metropolitan areas[J]. Environment and Planning A, 2010, 42(6): 1383 - 1402.

[298] Meijers E J, Burger M J, Hoogerbrugge M M. Borrowing size in networks of cities: city size, network connectivity and metropolitan functions in Europe[J]. Regional Science, 2016, 95(1): 181 - 198.

[299] Meijers E J, Burger M J. Stretching the concept of "borrowed size" [J]. Urban Studies, 2017, 54(1): 269 - 291.

[300] Meijers E J, Hoogerbrugge M, Cardoso R. Beyond polycentricity: does stronger integration between cities in polycentric urban regions improve performance[J]. Tijdschrift voor Economische en Sociale Geografie, 2018, 109(1): 1 - 21.

[301] Meijers E J, Hoogerbrugge M, Hollander K. Twin cities in the process of metropolisation[J]. Urban Research & Practice, 2014, 7 (1): 35 - 55.

[302] Meijers E J, Peris A. Using toponym co-occurrences to measure relationships between places: review, application and evaluation[J]. International Journal of Urban Sciences, 2019, 23(2): 246 - 268.

[303] Melo P C, Graham D J, Noland R B. A meta-analysis of estimates of urban agglomeration economies[J]. Regional Science and Urban Economics, 2009, 39(3): 332 - 342.

[304] Moretti E. Local labor markets[J]. Handbook of Labor Economics, 2011, (4): 1237 - 1314.

[305] Mori T. A modeling of megalopolis formation: the maturing of city systems[J]. Journal of Urban Economics, 1997, 42(1): 133 - 157.

[306] Mu L, Wang X. Population landscape: a geometric approach to studying spatial patterns of the US urban hierarchy[J]. International Journal of Geographical Information Science, 2006, 20(6): 649 - 667.

[307] Myrdal G. Economic theory and underdeveloped regions [M].

London: University Paperbacks, Methuen, 1957.

[308] Ottaviano G I P. Monopolistic competition, trade, and endogenous spatial fluctuations[J]. Regional Science and Urban Economics, 2001, 31: 51 – 77.

[309] Ottaviano G I P. Models of "new economic geography": factor mobility vs. vertical linkages[C] // New Directions in Economic Geography, Fingleton B. (ed.), London: Edward Elgar, 2007: 53 – 69.

[310] Parr J B. Agglomeration economies: ambiguities and confusions[J]. Environment and Planning A, 2002, 34(4): 717 – 731.

[311] Partridge M, Olfert M R, Alasia A. Canadian cities as regional engines of growth: agglomeration and amenities [J]. Canadian Journal of Economics, 2007, 40(1): 39 – 68.

[312] Pellegrini G, Muccigrosso T. Do subsidized new firms survive longer? Evidence from a counterfactual approach[J]. Regional Studies, 2017, 51(10): 1483 – 1493.

[313] Perroux F. Economic space: theory and applications [J]. The Quarterly Journal of Economics, 1950, 64(1): 89 – 104.

[314] Phelps N A, Fallon R J, Williams C L. Small firms, borrowed size and the urban-rural shift [J]. Regional Studies, 2001, 35(7): 613 – 624.

[315] Poncet S. Domestic market fragmentation and economic growth in China. [C]// The 43rd Congress of the European Regional Science Association, 2003a.

[316] Poncet S. Measuring Chinese domestic and international integration [J]. China Economic Review, 2003b, 14: 1 – 21.

[317] Poncet S. A fragmented China: measure and determinants of Chinese domestic market disintegration[J]. Review of International Economics, 2005, 13: 409 – 430.

[318] Portnov B A, Schwartz M. Urban clusters as growth foci[J]. Journal of Regional Science, 2009, 49(2): 287 – 310.

[319] Puga D. The magnitude and causes of agglomeration economies[J].

Journal of Regional Science, 2010, 50(1): 203–219.

[320] Renski H. External economies of localization, urbanization and industrial diversity and new firm survival[J]. Papers in Regional Science, 2011, 90(3): 473–502.

[321] Rocha H, Sternberg R. Entrepreneurship: the role of clusters-theoretical perspectives and empirical evidence from Germany[J]. Small Business Economics, 2005, 24: 267–292.

[322] Rosenthal S S, Strange W C. Evidence on the nature and sources of agglomeration economies[J]. Handbook of Regional and Urban Economics, 2004, 4: 2119–2171.

[323] Scott A J. Global city-regions: trends, theory, policy[M]. London: Oxford University Press, 2001.

[324] Segarra A, Callejón M. New firms' survival and market turbulence: new evidence from Spain[J]. Review of Industrial Organization, 2002, 20: 1–14.

[325] Simini F, González M C, Maritan A, Barabási A L. A universal model for mobility and migration patterns[J]. Nature, 2012, 484: 96–100.

[326] Strumsky D, Thill J C. Profiling US metropolitan regions by their social research networks and regional economic performance[J]. Journal of Regional Science, 2013, 53(5): 813–833.

[327] Sveikauskas L. Productivity of cities[J]. Quarterly Journal of Economics, 1975, 89(3): 393–413.

[328] Tabuchi T, Thisse J F. A new economic geography model of central places[J]. Journal of Urban Economics, 2011, 69(2): 240–252.

[329] Taylor P J, Pain K. Polycentric mega-city regions: exploratory research from western Europe[C] // The Healdsburg Research Seminar on Megaregions, Healdsburg, CA: Lincoln Institute of Land Policy and Regional Plan Association, 2007: 59–67.

[330] Ullman E L. American commodity flow: a geographical interpretation of rail and water traffic based on principles of spatial interchange[M]. Seattle: University of Washington Press, 1957.

[331] Van Meeteren M, Neal Z, Derudder B. Disentangling agglomeration and network externalities: a conceptual typology[J]. Papers in Regional Science, 2016, 95(1): 61-80.

[332] Van Oort F, Burger M, Raspe O. On the economic foundation of the urban network paradigm: spatial integration, functional integration and economic complementarities within the Dutch Randstad[J]. Urban Studies, 2010, 47(4): 725-748.

[333] Wennberg K, Lindqvist G. The effect of clusters on the survival and performance of new firms[J]. Small Business Economics, 2010, 34: 221-241.

[334] Wheeler C H. Cities and the growth of wages among young workers: evidence from the NLSY[J]. Journal of Urban Economics, 2006, 60(2): 162-184.

[335] Xu X. Have the Chinese provinces become integrated under reform [J]. China Economic Review, 2002, 13: 116-133.

[336] Yankow J J. Why do cities pay more? An empirical examination of some competing theories of the urban wage premium[J]. Journal of Urban Economics, 2006, 60(2): 139-161.

[337] Ying L G. Measuring the spillover effects: some Chinese evidence [J]. Papers in Regional Science, 2000, 79(1): 75-89.

[338] Young A. The razor's edge: distortions and incremental reform in the People's Republic of China[J]. The Quarterly Journal of Economics, 2000, 115(4): 1091-1135.

[339] Zhang Q, Shi Y, He A, Wen X. Property rights security and firm survival: micro-data evidence from China[J]. China Economic Review, 2017, 44: 296-310.

图书在版编目(CIP)数据

从城市到城市群:集聚空间拓展及其经济效应研究 / 李培鑫著. —上海:上海社会科学院出版社,2023
 ISBN 978 - 7 - 5520 - 4233 - 7

Ⅰ.①从… Ⅱ.①李… Ⅲ.①城市群—区域经济发展—研究—中国 Ⅳ.①F299.21

中国国家版本馆 CIP 数据核字(2023)第 175859 号

从城市到城市群:集聚空间拓展及其经济效应研究

著　　者:	李培鑫
责任编辑:	陈慧慧
封面设计:	周清华
出版发行:	上海社会科学院出版社
	上海顺昌路 622 号　邮编 200025
	电话总机 021 - 63315947　销售热线 021 - 53063735
	http://www.sassp.cn　E-mail:sassp@sassp.cn
排　　版:	南京展望文化发展有限公司
印　　刷:	上海颛辉印刷厂有限公司
开　　本:	710 毫米×1010 毫米　1/16
印　　张:	13
字　　数:	220 千
版　　次:	2023 年 9 月第 1 版　2023 年 9 月第 1 次印刷

ISBN 978 - 7 - 5520 - 4233 - 7/F·744　　　　　定价:68.00 元

版权所有　翻印必究